* 2020 年重庆市教委人文社会科学科研项目《高校学生“校园贷”
干预实践研究 》（项目号：20SKSZ011）
* 2022 年西南政法大学辅导员精品课程项目（项目号：2022—XZ



# 依法治校背景下高校学生管理工作

## ——案例分析与指导

胡 晓 罗丽琳⊙著

知识产权出版社
全国百佳图书出版单位
—北京—

图书在版编目（CIP）数据

依法治校背景下高校学生管理工作：案例分析与指导 / 胡晓，罗丽琳著 . —北京：知识产权出版社，2023.8

ISBN 978-7-5130-8824-4

Ⅰ . ①依… Ⅱ . ①胡… ②罗… Ⅲ . ①高等学校—学生—学校管理—案例—中国 Ⅳ . ① G645.5

中国国家版本馆 CIP 数据核字（2023）第 127774 号

**责任编辑：**王颖超　　**责任校对：**谷　洋

**封面设计：**北京麦莫瑞文化传播有限公司　　**责任印制：**孙婷婷

**依法治校背景下高校学生管理工作——案例分析与指导**

胡　晓　罗丽琳　著

---

**出版发行：**知识产权出版社有限责任公司　　**网　　址：**http：//www.ipph.cn

**社　　址：**北京市海淀区气象路 50 号院　　**邮　　编：**100081

**责编电话：**010-82000860 转 8655　　**责编邮箱：**wangyingchao@cnipr.com

**发行电话：**010-82000860 转 8101/8102　　**发行传真：**010-82000893/82005070/82000270

**印　　刷：**北京中献拓方科技发展有限公司　　**经　　销：**新华书店、各大网上书店及相关专业书店

**开　　本：**720mm × 1000mm　1/16　　**印　　张：**16

**版　　次：**2023 年 8 月第 1 版　　**印　　次：**2023 年 8 月第 1 次印刷

**字　　数：**200 千字　　**定　　价：**78.00 元

ISBN 978-7-5130-8824-4

---

# 前言

Preface

随着全面依法治国踏上新征程，高等教育进入普及化阶段，推进高校学生管理法治化成为深化高等教育领域法治化改革的重要基石。首先，本书采取了“总述－分章”的行文方式。在第一章界定了高校学生管理法治化的相关概念，并分析了其研究价值，介绍了其法律法规基础，总结了高校学生管理法治化的五条基本原则，为后文在基本概念、价值维度、理论支撑以及原则指向方面奠定了基础。其次，各分章采取了“概述－案例”的行文方式。本书主要从高校学生后勤保障与管理服务、高校学生惩戒管理、高校学生突发事件应对与处理、高校学生心理健康教育、高校学生资助和奖励、高校学生毕业就业工作、高校学生活动和行为规范七个方面对具体案例进行阐述、合法性分析，并根据关联性法规政策，提出预防路径，从而给辅导员提出建议。总的来说，对高校学生管理法治化相关概念的准确界定、价值路径的科学分析、体制机制的深入研究，有利于进一步落实高校立德树人的根本任务，履行规范学生管理、保障学生权利的基本职能，最终实现为党育人、为国育才的伟大使命。

本书是对高校学生管理法治化实践研究的一种尝试，希望能够为高校学生管理法治化实践提供一些实质性的建议，为推进高校学生管理法治化实践研究的进程尽一份绵薄之力。囿于篇幅，本书选取的案例和相关法律法规仍有遗缺之处，本书观点也仅为一家之言，如有不足之处，望请海涵。

本书的写作过程充满困难和挑战，并不是一帆风顺的。例如，本书涉及很多法律相关的内容，因此在前期工作中做了大量的资料收集和整理工作；尽管本书的作者为从事学生工作一线的教育工作者，可以广泛收集第一手案例资料，但就整个过程而言仍然是纷繁复杂的，在案例的整理、分类、筛选以及与相关法律文件和政策的匹配方面，都是需要付出许多的时间和精力来完成的。本书作为对于高校学生管理法治化实践所进行的一种尝试性研究，作者很愿意与各高校的教育工作者进行分享和交流，因此，尽管过程艰难，但结果是值得的。

在此，感谢所有为本书的出版贡献力量的人。感谢给本书提出宝贵意见的各位领导和前辈，他们在本书的大方向上进行了指导。感谢给本书提供帮助的毛小亚、罗玉珍、张园等学生，他们为本书能够更好地展示作出了细节上的努力。感谢我们的家人，正因为有他们当我们的坚强后盾，我们才能战胜一个又一个困难，最终将本书呈献给大家。

我们将始终保持初心，坚持法理与情怀并重。

# 目录

Contents

01
CHAPTER

第一章

## 高校学生管理法治化概述

02 CHAPTER

## 第二章 高校学生后勤保障与管理服务

03
CHAPTER

第三章

## 高校学生惩戒管理

# 04 CHAPTER 第四章 高校学生突发事件应对与处理

05 CHAPTER

第五章

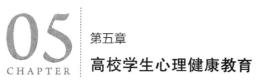

# 高校学生心理健康教育

06
CHAPTER

第六章

## 高校学生资助和奖励

# 07 CHAPTER 第七章 高校学生毕业就业工作

# 08 CHAPTER 第八章 高校学生活动和行为规范

# 第一章 高校学生管理法治化概述

党的十八大明确将依法治国作为党领导人民治理国家的基本方略，党的十九大指出坚持全面依法治国是新时代坚持和发展中国特色社会主义的基本方略之一，党的十九届五中全会再次强调全面推进依法治国，法治的地位提升到了前所未有的新高度，全面依法治国踏上了新征程。全面推进依法治国成为社会主义现代化建设过程中全国各领域、各方面的重大政治任务。《2019 年全国教育事业发展统计公报》显示，全国各类高等教育在学总规模超过四千万人。党的十九届五中全会审议通过的《中共中央关于制定国民经济和社会发展第十四个五年规划和二〇三五年远景目标的建议》，将“高等教育进入普及化阶段”作为决胜全面建成小康社会的标志性成就之一，并从多个方位对“十四五”时期高等教育提出更高要求。由此可见，深化高等教育领域法治化改革，推进高校治理现代化已经是我国法治建设的重要组成部分，要想进一步实现高校治理现代化就离不开高校学生管理法治化。

对高校学生管理法治化相关概念的准确界定、价值路径的科学分析、体制机制的深入研究，有利于进一步落实高校立德树人的根本任务，履行规范学生管理、保障学生权利的基本职能，最终实现为党育人、为国育才的伟大使命。

# 第一节　高校学生管理法治化相关概念界定

从逻辑学的角度来看，所谓概念是指通过词或词组的形式来反映某一客体的专有属性以达到指称对象的目的。[1]概念可以通过语言形式来表达我们对法律问题的思考，也可以通过语言形式将这些认识传递于他人。可以说，概念是法律大厦建立的基石。[2]要研究高校学生管理法治化，首先是准确界定其概念的内涵和外延。“高校学生管理法治化”是一复合概念，由“高校学生管理”和“法治化”两个概念构成，其中前者对研究对象的范围进行了限定，后者明确了具体的研究对象。为了方便理解，本书将对这一复合概念进行拆分并分别界定。

## 一、高校学生管理的界定

当前对于如何界定“高校学生管理”仍然存在较大的争议，“高校学生管理”本身就是一项兼具特殊性和专业性的概念，同时又与高校“学生工作”“学生事务管理”等概念存在内容上的交叉与混同。因此，有必要

---

[1] 雍琦．法律逻辑学［M］．北京：法律出版社，2016：232.

[2] 博登海默．法理学：法哲学及其方法［M］．邓正来，姚敬武，译．北京：华夏出版社，1987：465.

通过相关概念的对比厘清“高校学生管理”这一概念。

### （一）高校学生工作

“高校学生工作”在我国高等教育的起步阶段就发挥着极其重要的作用。伴随着历史阶段的演进，高校学生工作在各个时期都起到了不同的历史作用，其具体内容与职责职务较为丰富，包括常规课堂教学之外的诸多领域，如教育培养、事务管理、心理干预等，贯穿于高校学生培养的全过程。

纵览我国高等教育发展的历史沿革，高校学生工作的重要性绝不可低估，每个历史阶段的高校学生工作都有着独特的时代特色。中华人民共和国成立之前，中国共产党就组织建立了陕北公学等一批高等学校，在这段时期内，高校学生工作的重心在于培养学生过硬的政治立场和优良的工作作风，致力于让学生紧跟党中央、求真务实，因而学生工作的主要内容就是围绕这一目标开展思想政治教育和军事训练。中华人民共和国成立以后到 1966 年，高校学生教育成为落实党的教育方针的重要一环，这就要求高校学生教育应当促进以及保障高校学生在道德、智力、体育等各个素质上得到全方面的充分发展，将个人命运与社会主义建设紧密地联系在一起。在十年“文革”时期，高校学生工作处于混乱甚至瘫痪的状态，这一时期的高校学生工作成为一种政治运动手段，而非一般意义上的高校学生工作。改革开放初期，高校学生工作主要围绕培养学生坚定的政治立场和走社会主义道路的信念以及建设良好的校风、学风等方面展开，[1] 这个阶段的学生工作将学生的思政教育以及事务管理也纳入其概念的范畴。

随着我国社会经济发展和高等教育体系完善，我国高校学生工作已从

---

[1] 秦启轩 . 学生教育管理研究中的几个问题［J］. 高教论坛，2003（5）：146–149，152.

早期思政工作为主发展到现在涵盖思政教育、日常管理、校内服务三大领域，具体内容包括心理健康、形势与政策、思想政治、军事理论及实践教育、党团建设、生活关怀、校园文化、学生资助、关心下一代工作、就业创业指导等数十个科目，高校学生工作包含更多的内容，整体呈现多样化、全面化发展趋势。有学者指出高校学生教育工作是由专门机构和人员从事的促进以及保障学生政治、思想、品德、心理、性格、素质全面发展的教育、管理和服务工作。❶也有学者提出高校学生工作是高校以人才培养为中心，遵循教育规律，围绕学生成长成才所进行的一系列有组织、有计划的教育、管理和服务工作。❷本书结合学界观点，从把握学生工作本质、对象和特征的角度出发，认为高校学生工作就是高等学校为了实现其立德树人根本任务而进行的包括思政教育、日常管理和学习生活服务等多领域、全方位的一系列系统性工作。

### （二）学生事务管理

对于“学生事务管理”的概念界定，可以追溯到19世纪，美国高等教育领域将学生事务从学术事务中分离出来，使学生事务具有其独特的意义和专门的用法。学术事务与学生事务作为一组相对的概念，一般认为，学术事务通常涉及学生“学习”、“课程”、“教室”和“认知发展”等，而学生事务则涉及“课外”、“学生活动”、“住宿生活”、“感情或个人问题”等。❸

---

❶ 叶骏，金永发．高等学校学生工作规范与指导［M］．上海：同济大学出版社，1991：45.

❷ 应金飞．我国高校学生工作的历史变迁研究［J］．西昌学院学报（社会科学版），2017，29（1）：108.

❸ 蔡国春．高校学生事务管理概念的界定：中美两国高校学生工作术语之比较［J］．扬州大学学报（高教研究版），2000（2）：56.

伴随着我国高等教育体制改革逐渐步入深水区，当前高等教育领域的趋势主要呈现出大众化、市场化、竞争化的特点，同时教育对象（高校学生）的自主意识和个性化特征越发凸显。传统的高校主导、强势管理的学生事务管理模式已经严重落后于高等教育的社会实际，而这样的教育现状则无疑暴露出许多深层次的矛盾和问题，1999 年的“田永诉北京科技大学案”彻底撕开了高校学生管理问题的遮羞布，引发了学术界和社会舆论对高校管理教育矛盾的关注与思考。

本书认为，当代高等教育既要坚持以学生为中心的理念，又不能丢失高校学生工作者的权威，本质上应遵循管理和服务并重的学生事务管理模式。因此，学生事务管理是指高校为了履行组织管理职能、保障高校各项工作有序推进、坚持管理与服务并重，从而面向学生开展的一系列非学术性活动。

### （三）高校学生管理

前文已经对高校学生工作和学生事务管理的历史沿革及其相关概念进行了梳理和阐释，这为我们了解高校学生管理的概念奠定了一定基础。下面首先谈谈“管理”的概念，从字面意义上来看，管理指的是对一定系统的人、财、物、事等进行计划、组织、协调、控制，以实现系统目标的过程。[1]但这只是对“管理”的粗泛解释，我们可以根据相关法律法规和部门规章的界定来进一步理解具有一定特殊性的“高校学生管理”。根据《高等教育法》[2]的规定：“高等学校应当面向社会，依法自主办学，实行民主管理。”这里民主管理既包括教师教学活动的管理，也包括学生管理。

---

[1] 俞家庆 . 教育管理辞典［Z］. 2 版 . 海口：海南出版社，2002：22.

[2] 本书中除“关联性法律法规政策”部分外，其他法律、法规、规章和规范性文件名称中“中华人民共和国”省略。

2017年教育部颁布的《普通高等学校学生管理规定》(分为7章总计68条)，包括以下内容：总则；学生的权利与义务；学籍管理（入学与注册、考核与成绩记载、转专业与转学、休学与复学、退学、毕业与结业、学业证书管理）；校园秩序与课外活动；奖励与处分；学生申诉；附则。从以上相关法律和部门规章的内容来看，教育领域的官方界定重视高校学生管理的权利与义务双重属性，几乎涵盖了学生从入学到毕业除学术和教学安排之外，在校阶段的全部有关学生的管理工作，是对高等学校学生学习、生活、行为的规范。

官方现行的法律法规或其他规范性文件并未对“高校学生管理”的概念进行直接界定，国家教育委员会于1990年颁布的《普通高等学校学生管理规定》对其概念作出了一定的说明，但该规定已于2005年废止。由于当前高等教育领域高速发展，高校学生管理的内涵被不断更新，所以还是应当多参考一些学界的学理解释。如：高校学生管理的狭义定义是高校通过一定的渠道，采取可能的措施，保证学生的行为符合社会规范和学校的要求，促进学生的品格和行为养成的活动。[1]学生管理是一个复杂、琐碎的工作，看起来似乎很枯燥的工作，其实与其他工作密不可分，通过制定明确的分工，提高学生的学习效率，完善“松”与“紧”的校内环境，促进学生的全面发展。[2]高校学生管理是思想政治教育的一种形式与载体。通过高校学生管理各项工作的组织与开展，使得思想政治教育的形式与途径变得更加丰富，更容易实现高校思想政治教育的目标。[3]以上对高校学生管理的分析角度不同，但本质上都体现了高校学生管理的全面性、思政

[1] 蔡国春．树立大学生管理的新理念［J］．上海高教研究，1998（8）：53.

[2] 李阳．“以人为本”理念在高校学生管理中的探索［J］．长江丛刊，2021（6）：97.

[3] 冯洁．高校学生管理与思想政治教育的融合路径探究［J］．高教学刊，2021（8）：161.

品格倾向性的特征，都是由高校通过一定措施和手段来组织、协调学生实现特定目的。

再从我国高校学生管理的工作范围演变来看，其内涵一直处于不断扩张之中。从中华人民共和国成立到改革开放之前的这段时期，我国高等学校学生管理制度处于创立伊始的历史阶段，高校学生管理的工作内容主要是围绕学生学籍工作这一中心任务展开的，“学生管理”主要是指学生身份管理（即学籍），中后期增加了转专业、休复学等规范化制度，但均属于教学或教务部门的工作领域。党的十一届三中全会以后，我国实行改革开放，高等教育领域开始寻找科学、完备和先进的理念以及一套行之有效的制度体系，而高等学校想要确保日常的教学工作以及生活井然有序，就首先需要一套完善健全的规章制度来予以维护。在这一时期，我国高校管理制度的发展与创新将重点主要放在了改革“文革”前的高校学生管理制度，并在实践中不断完善各项规章制度以适应高等教育发展的新趋势。[1]当代的高校学生管理更多地包含了心理健康、思政教育、学生奖助学金管理、反诈反危机和就业创业指导等时代性、事务性内容，其工作领域直接涵盖了所有与学生相关的事务管理以及对学生的直接管理。总体来看，高校学生管理与高校学生工作是被包含与包含的关系，而与学生事务管理的关系则正好相反，高校学生管理是衔接高校学生工作和学生事务管理的中间概念。

综合上述学界观点和具体工作实践，本书认为高校学生管理就是指高校在非学术领域为完成立德树人根本任务，规范高校各项工作，促进学生全面发展而开展的主要针对学生的一系列教育影响及组织活动。其内容

---

[1] 张冠鹏．高校学生管理制度研究［M］．长春：吉林人民出版社，2016：54.

主要包括学籍管理、心理健康教育及干预、奖助评定、惩处决定、思政教育、危机事件处理、生活后勤与基础设施保障等宽领域、全方位、多层次的学生相关工作。

## 二、法治化的界定

“法治”是人类社会千万年探索与发展的产物，与“人治”相对，不仅代表了一种先进科学的社会治理方式，更展现出一种公平正义的价值追求。将法治这一概念引入高校学生管理的范畴有利于教育目的和人才培养目标的顺利实现，弘扬社会主义核心价值观的基本内涵，推进高校学生管理事业向科学化、规范化、公正化发展，促进高校治理体系现代化。

法治化建设作为依法治校的基础，体现了高校学生管理事业向法治迈进的动态过程，要理解法治化，就要在理论上理解其与“法治”“法制”的关系与区别，在实践中真实体会依法治校和学生管理法治化的内在联系。因此，本部分内容将通过两组概念对比来阐释“法治化”的概念，并最终对“高校学生管理法治化”的概念进行界定。

### （一）法治、法制和法治化

推动高校学生管理法治化首先就应当明确“法治”与“法制”的区别与联系。所谓法治指的是“法的统治”（rule of law），在法理学的历史发展中演变出了诸多有关法治含义的讨论。亚里士多德指出“法治”应该包含两重含义：首先，法律应当具备效力的普适性，能够获得广泛的认同与遵守；其次，法律自身应当维持实体以及程序上的正义性。❶卢梭则认为所谓“法”指的是“意志的记录”❷，法治是建立在自由民主的社会契约价值论上的国家与公民关系处理方式。

法制指的是法律制度，泛指依法建立起来的涉及政治、经济、文化等方面的各种由国家强制力保障实施的法律制度，更多体现的是一种客观存在的静态法律配置。实行法治就要有较为完善的法律制度，一定程度上来说，法制就是法治的实现基础。

当前，我国法治建设迈出重大步伐。习近平总书记在党的二十大报告中指出，全面依法治国是国家治理的一场深刻革命，关系党执政兴国，关系人民幸福安康，关系党和国家长治久安。必须更好发挥法治固根本、稳预期、利长远的保障作用，在法治轨道上全面建设社会主义现代化国家。我们要坚持走中国特色社会主义法治道路，建设中国特色社会主义法治体系、建设社会主义法治国家，围绕保障和促进社会公平正义，坚持依法治国、依法执政、依法行政共同推进，坚持法治国家、法治政府、法治社会一体建设，全面推进科学立法、严格执法、公正司法、全民守法，全面推进国家各方面工作法治化。❸

全面推进依法治国的动态过程就是通俗意义上的法治化。本书认为法治化就是以经济基础变革和客观条件变化为根本动力，以社会民主化、法制化为主要内容，以治理方式由人治向法治转变为核心的法治理念与目标从应然转变为实然的动态过程和转化状态。

---

❶ 亚里士多德．政治学［M］．吴寿彭，译．北京：商务印书馆，1983：129.

❷ 卢梭．社会契约论［M］．何兆武，译．北京：商务印书馆，1980：51.

❸ 习近平．高举中国特色社会主义伟大旗帜 为全面建设社会主义现代化国家而团结奋斗［M］．北京：人民出版社，2022：40.

### （二）依法治校和学生管理法治化

随着我国依法治国的持续深入，依法治校成为高等教育领域治理改革和高等学校治理体系现代化的必由之路。为深入贯彻落实党的十九大和十九届二中、三中、四中全会精神，坚持和完善中国特色社会主义教育制度体系，推进高等学校治理体系和治理能力现代化，进一步加强高等学校法治工作，全面推进依法治教、依法办学、依法治校，教育部于2020年发布《教育部关于进一步加强高等学校法治工作的意见》。

实际上，步入21世纪以后我国教育部门就针对推进依法治校发展作出了多次部署。2003年，教育部发布《教育部关于加强依法治校工作的若干意见》，将“依法治校”作为依法治教的重要举措在全国推进。2012年，教育部为进一步推动《国家中长期教育改革和发展规划纲要（2010—2020年）》实施，在各级各类学校全面落实依法治国要求，大力推进依法治校，在全面总结各地依法治校经验、做法的基础上，研究制定了《全面推进依法治校实施纲要》。2016年，为贯彻落实党的十八大和十八届三中、四中、五中全会精神，进一步落实《国家中长期教育改革和发展规划纲要（2010—2020年）》提出的工作任务，落实《法治政府建设实施纲要（2015—2020年）》要求，全面推进依法治教，教育部在研究制定的《依法治教实施纲要（2016—2020年）》中再次重申：“依法治校是依法治教的重要内容，也是推进法治社会建设，构建多层次、多形式法治创建活动的重要组成部分。要抓住重点，进一步深化落实2012年教育部发布的《全面推进依法治校实施纲要》，将各级各类学校的依法治校工作推向深入。”2020年教育部发布《教育部关于进一步加强高等学校法治工作的意见》，从十个方面为进一步加强高等学校法治工作，全面推进依法治教、依法办学、依法治校提出了建议。可见"依法治校"的重要性和持续推进的必要性。

具体何为"依法治校"，学界对这一概念的界定仍有一定分歧。有学者认为"依法治校"指的是将法治理念、法律手段以及法治精神融入国家各个层次的高校治理。这要求各高校在日常的教学管理过程中尽量依靠法律手段进行引导和治理，也要求法律确认各高校的独立法人地位，并使得高校的日常运行过程能够建立在法治的土壤之上，为高校学生管理活动赋予法律或者法治的深刻内涵。[1]也有学者认为高校实现依法治校是依法治国在教育领域的具体体现，全面推进依法治校和治理体系现代化，就是要发挥法治在高校管理中的重要作用，从而让高校的一切管理活动都在法治化轨道上运行。[2]前者侧重从高校外部着手，将高校作为国家法律的管理对象进行界定，后者则是侧重进入高校内部，指出用法治方法来进行高校内部的事务管理。

结合学界观点以及《教育部关于进一步加强高等学校法治工作的意见》，本书认为，依法治校是指学校在党委的统一领导部署之下，依照上位法律法规进一步完善能够有效适应学校自身特色的学校规章体系，充分发挥学校的独立法人地位，重视高校学生的正当合法权利并配套相应的权利救济机制，完善并展开高校风险防控工作，以宪法教育为核心，进一步加强高校学生的法治教育，培养校园师生的法律意识和法治精神，不断壮大并增强高校的法治工作队伍，构建并完善一套行之有效的监督汇报机制，为高等学校法治工作创设一片兼具系统性、全局性的法治土壤。就这

[1] 关保英．依法治校：价值、内容与实现路径［J］．华东师范大学学报（教育科学版），2018，36（2）：38–45，154.

[2] 郭松芃，张建军．试论高校依法治校和治理体系现代化［J］．大学教育，2019（6）：179–181.

一层面而言，高校为了实现依法治校，就必须让高校学生管理迈上法治化发展轨道。

综上分析，可以将高校学生管理法治化定义为：高校严格遵照宪法以及相关法律法规的规定制定科学合理的规章制度对学生进行管理和服务，以达到切实保障学生权利、规范学校管理、落实立德树人根本任务的目标，促进高校学生德智体美劳的全面发展以及实现依法治校。其实质是将法治思维理念和依法治国基本方略融入高校学生管理，以实现高校治理公平正义的价值追求，培养出懂法治、会用法治思维和法治方法参与社会生活的新时代社会主义建设者。

## 第二节　高校学生管理法治化价值分析

近年来，伴随着我国法治水平的逐步提升，中国特色社会主义法治体系初步趋于完整，国家与社会的整体法律意识和法治观念进一步增强。社会主义法治建设始终贯彻科学立法、严格执法、公正司法、全民守法的基本原则，促进法治国家、法治政府、法治社会三者相辅相成，共同构建。在这样的时代背景之下，高校学生管理法治化的推进对于高校落实立德树人根本任务、规范学生管理秩序、培养社会主义合格建设者等具有重要意义。

### 一、高校学生管理法治化是落实立德树人根本任务的保障

早在党的十八大报告中就提出：把立德树人作为教育的根本任务，培养德智体美全面发展的社会主义建设者和接班人。2016 年 12 月 9 日，习近平总书记在中共中央政治局第三十七次集体学习时强调：法律是准绳，

任何时候都必须遵循；道德是基石，任何时候都不可忽视。[1]2017 年 5 月 3 日，习近平总书记在中国政法大学考察时强调：中国特色社会主义法治道路的一个鲜明特点，就是坚持依法治国和以德治国相结合，强调法治和德治两手抓、两手都要硬。[2]2022 年 10 月 16 日，习近平总书记在中国共产党第二十次全国代表大会上也强调了要坚持依法治国和以德治国相结合。[3] 因此，从高校学生管理这一角度来看，高校要实现其立德树人根本任务，就必须要有高等学校学生管理法治化这一根本保障。

法治不仅是中国特色社会主义的一项基本内容，更是弘扬社会主义核心价值观的一种文化导向。推进高校学生管理法治化可以在高校营造一种法治文化氛围，创造出厚德重法、科学有序的育人环境，进而发挥文化环境对人的影响作用，使高校学生在已有的“法治准绳”指引下更清晰地感知到“道德基石”的存在，于潜移默化中接受有益的德治与法治熏陶，逐渐达到立德目标。前文所说的仅仅是高校学生管理法治化在高校内的抽象价值，接下来就要看到其具体运行原理和具象化价值。高校学生管理法治化通过事先制定规章的方式，调整高校管理中不同主体的权利义务分配关系，并严格按照规定的程序执行规则，这便让一切事务都有规可循、有法可依，高校学生管理的高效化、有序化、科学化离不开一套完善可行的制度配置，最大限度保障学生合法权益，彰显高校学生管理工作的公平正义，从而给予高校学生有力可靠的心理和现实支撑，更好地进行专业学习

---

[1] 习近平在中共中央政治局第三十七次集体学习时强调：坚持依法治国和以德治国相结合，推进国家治理体系和治理能力现代化［EB/OL］.（2016-12-10）［2023-03-02］. https：//news.12371.cn/2016/12/10/ARTI1481363342066992.shtml.

[2] 习近平在中国政法大学考察［EB/OL］.（2017-05-03）［2023-03-02］. https：//qgxl.youth.cn/jyqnxs/202007/t20200723_12421471.htm.

[3] 习近平 . 高举中国特色社会主义伟大旗帜 为全面建设社会主义现代化国家而团结奋斗［M］. 北京：人民出版社，2022：44.

与生活。

然后，就到了真正意义上的“树人”阶段，高校学生管理法治化为专业知识学习带来的便利只能使学生更容易在专业领域成才，并不能达到真正意义上的“树人”效果。本书认为“树人”应当是对学生整体素质的培养和提升，即通俗意义上的使高校学生得到全面发展，这也正是党的十八大以来坚持贯彻落实的育人目标。通过高校学生管理法治化的制度实践，激励与约束相结合，学生就能够初步学会运用法治思维思考问题，通过法治方法解决问题，时刻控制自己的欲望，遵循法治理念指导，为了自己的理想目标砥砺前行。高校育人的最终目标是使学生能够更好地步入与适应社会，为社会创造更多的价值，在当前建设社会主义法治国家的浪潮中，拥有法治理念的人无疑可以更好地融入时代发展。同时，高校学生管理法治化还可以培养学生的独立人格，在整个接受教育的过程中，学生都是在法治化的框架下独立自主地进行各类活动，能够逐渐形成主体意识，从高校管理人员的束缚和管制中脱离出来，做一个有主见、能做事的独立主体。高校学生管理法治化也让学生从权利义务关系中培养自己的契约精神，勇于维护自己应有的权利，敢于履行自己应尽的义务，同样可以培养学生的诚信意识、担当意识、权利意识，使其在今后发展中占据优势。马克思认为全体人类的自由发展应当建立在每一个独立个体的自由之上。自由不单建立在丰富的物质基础之上，同时也建立在一个独立自主的精神状态之上。一个独立自由的主体应当有权自主决定是否做某事以及自由地做某事。[1]推进高校学生管理法治化在一定程度上强调学生自治，体现自由民主精神，学生自主管理，有

[1] 马克思恩格斯全集（第1卷）[M]．北京：人民出版社，1995：181.

重大规定或决议时学生参与决策，为学生培养民主意识、提升公民素质提供了一个重要渠道。

因此，推进高校学生管理法治化，德育在先，智育在后，于道德基石上促进学生学业学习，培育学生法治思维、主体意识、契约精神、民主意识等，健全学生全面发展所需的全部要素，从而使高校学生成为德、智、体、美全面发展的高素质人才，体现高校学生管理法治化，保障立德树人根本任务真正落实的价值追求。

## 二、高校学生管理法治化是规范学生管理秩序的指导

马克思认为一套社会秩序的有效遵守要求将社会规则所预设的秩序逻辑具体为现实的社会秩序，而这一过程的实现则要求积极能动的社会主体共同自觉的意志和行为。[1]任何社会或者团体想要长期存续的首要条件是合理的秩序体系。缺乏秩序的无政府状态，并不亚于一个专制的政府统治。博登海默指出人与人之间构建起合理有序的关系依赖于两种深深印在人类精神之中的欲望或冲动：其一，重复实践那些在过往令人满意的经验或安排乃是人类思维的天性；其二，在某些情形所导致的逆反应之下，人与人之间的关系往往不受预设的关于权利义务关系的理性框架所限制，而是由即时性、任意性以及独断性的因素所决定。此外，他还认为人类在追求秩序的过程中还有一种思想成分起到重要的作用，这一成分本质上预先

[1] 张静，张陈．重温马克思的社会秩序思想［N］．光明日报，2012-05-01（5）．

存在于人类的思维结构之中而非来自后天的经验积累。[1]因此，我们每个个体对秩序的需要是源自人类社会化生活的，高校作为由许多个体组成的小型社会就更需要建立秩序，而高校建立秩序的指导就在于高校学生管理法治化。

社会法学派的代表人物庞德认为，法律本质上属于调整社会关系的一种规范，其首要作用是确认以及调整社会中的各项利益关系以保障社会秩序的和平运行。[2]而在这样的语境之下，法治在社会生活中的首要价值就是创造秩序。因此，推进高校学生管理法治化，首先可以在高校内部建立系统科学的学生管理秩序。其具体运行原理主要有以下三个方面：一是促进学生管理公正化，划清高校秩序体系中的不同角色分别由谁扮演，很明显，在高校的秩序体系中，校方处于管理和服务地位，学生则处于被管理者地位，建立秩序有利于明确高校与学生双方的行为边界，从而确保高校权力不越界，学生权利不受损；二是促进学生管理有序化，通过高校学生管理法治化，推动各项规章制度设置，完善学生管理的制度配置，让各项事务的进行都有规可依，都能够按照规定的顺序、方式、时间去完成；三是在明确秩序内角色定位和建立制度体系以后，学生就能够以众多主体的方式参与管理，达到通过高校学生管理法治化来建立高校学生管理秩序的终极目标——学生在科学合理的秩序安排中自我管理，推进学校治理水平更上一层楼。

---

❶ 博登海默．法理学：法律哲学与法律方法［M］．邓正来，译．北京：中国政法大学出版社，2004：236.

❷ 罗思科·庞德．普通法的精神［M］．唐前宏，等译．北京：法律出版社，2001：148.

## 三、高校学生管理法治化是社会主义现代化建设的重要基石

高校学生教育应当严格落实贯彻国家的方针政策，各高校应当培养学生将个人的命运与国家现代化建设紧密联系在一起的意识，在培养学生学业能力的同时更要注重学生德、智、体等全方面的可持续性发展。为社会主义建设的伟大事业提供源源不断的高素质人才。高校学生教育工作依赖于一批高素质的兼具道德素质以及专业能力的人才队伍。习近平总书记强调，要加强理想信念教育，深入开展社会主义核心价值观和社会主义法治理念教育，推进法治专门队伍革命化、正规化、专业化、职业化。[1]我们要坚定不移走中国特色社会主义法治道路，为全面建设社会主义现代化国家提供有力法治保障，就需要更多法治人才成为社会主义事业建设者。

我国学校学生管理法治化，其实质就是中国特色社会主义法治文化进高校，在高等教育领域为青年一代的成长创设法治文化环境，使青年一代可以逐渐学会具有社会主义法治特征的思维方式，自觉坚持党的领导、人民当家作主和依法治国有机统一，自觉遵循马克思主义基本原理，树立以人民为中心的发展理念，重视劳动对人的塑造作用，在进行正确价值判断的基础上作出正确的价值选择等。因此，高校学生管理法治化就是培养社会主义合格建设者的有力支撑。

---

[1] 习近平在中央全面依法治国工作会议上强调：坚定不移走中国特色社会主义法治道路，为全面建设社会主义现代化国家提供有力法治保障［EB/OL］.（2020-11-17）［2023-03-20］. http：//www.qstheory.cn/yaowen/2020-11/17/c_1126751743.htm.

## 第三节 高校学生管理法治化法律法规基础

依据《宪法》，我国颁布了《教育法》《义务教育法》《高等教育法》《教师法》《职业教育法》等法律并进行多次修改，颁布施行《教育督导条例》《残疾人教育条例》等行政法规、《普通高等学校学生管理规定》《高等学校章程制定暂行办法》等部门规章，目前已经形成较为完善和严密的系统性制度保障体系，为高校学生管理法治化夯实了法律法规基础。

### 一、宪法

《宪法》是国家的根本法。从指导国家立法的层面来说，所有的法律法规都应当依据《宪法》制定；从《宪法》的具体调整内容来看，《宪法》规定的主要是一个国家赖以存续的根本制度、公民的基本权利和义务以及国家治理的基本原则等问题。因此，《宪法》所规定的有关教育的法律规范应被视为高校学生教育工作的最高的规范依据。《宪法》明确规定了中国高校学生教育事业的政策方针、教育模式以及公民受教育的权利和义务。

首先，《宪法》强调了发展社会主义教育在高校学生管理体系中的重要作用。根据《宪法》第 19 条和第 23 条的规定：国家发展社会主义的教育事业，提高全国人民的科学文化水平。国家培养为社会主义服务的各种专业人才，扩大知识分子的队伍，充分发挥他们在社会主义现代化建设中的作用。

其次，《宪法》强调教育的根本目标应当是构建社会主义精神文明，培养德智体全面发展的社会主义接班人。《宪法》第46条规定："国家培养青年、少年、儿童在品德、智力、体质等方面全面发展。"第24条规定："国家通过普及理想教育、道德教育、文化教育、纪律和法制教育，通过在城乡不同范围的群众中制定和执行各种守则、公约，加强社会主义精神文明的建设。国家倡导社会主义核心价值观，提倡爱祖国、爱人民、爱劳动、爱科学、爱社会主义的公德，在人民中进行爱国主义、集体主义和国际主义、共产主义的教育，进行辩证唯物主义和历史唯物主义的教育，反对资本主义的、封建主义的和其他的腐朽思想。"

再次，《宪法》也明确划分了发展我国不同历史阶段教育所对应的不同任务标准。《宪法》第19条规定："国家举办各种学校，普及初等义务教育，发展中等教育、职业教育和高等教育，并且发展学前教育。"

最后，《宪法》将公民受教育的权利与义务有效地统一起来。《宪法》第33条规定："中华人民共和国公民在法律面前一律平等。任何公民在享有宪法和法律规定的权利，同时必须履行宪法和法律规定的义务。"公民的权利和义务相互区别的同时相互联系。在这样总括的原则之下，《宪法》第46条规定："中华人民共和国公民有受教育权利和义务。"

综上所述，我国高校学生管理法治化的最高依据和根本遵循是《宪法》。

## 二、法律

此处重点介绍与高校学生管理法治化相关的《教育法》与《高等教育法》。

### （一）《教育法》

《教育法》是我国高校学生教育工作的基本法律规范，也是我国全面依法治教的最重要的规范依据。伴随着《教育法》的颁布与推行，我国当前的学生教育工作逐步迈入了全面推进依法治教的历史新阶段，这一特殊历史阶段将深刻影响我国高校学生教育事业的改革与发展前景，并为我国社会主义物质文明和精神文明建设奠定坚实的制度基础。2021 年的关于《教育法》的立法修改进一步明确了“高校学生教育应当培养什么人、应当怎样培养人以及为谁培养人”的法律条文以及具体要求，这无疑将有利于构建立德树人的高校教育体系以及深化高校教育高质量发展。[1]可以说《教育法》相较《宪法》而言，是高校学生管理法治化具体适用的最直接的规范来源。

《教育法》的审议通过、提案修改都从实际需要出发，及时把握教育领域新形势和新情况。《教育法》于 1995 年 3 月 18 日第八届全国人民代表大会第三次会议通过；2009 年 8 月 27 日，第十一届全国人民代表大会常务委员会第十次会议第一次修正；2015 年 12 月 27 日，第十二届全国人民代表大会常务委员会第十八次会议第二次修正；2021 年 4 月 29 日，

---

[1] 教育部 . 教育部办公厅关于学习宣传贯彻实施新修订的教育法的通知［EB/OL］.（2021-05-25）［2021-12-20］. http：//www.moe.gov.cn/srcsite/A02/s5913/s5933/202105/t20210525_533447.html.

第十三届全国人民代表大会常务委员会第二十八次会议第三次修正，自2021年4月30日起施行。

现行《教育法》包括总则、教育基本制度、学校及其他教育机构、教师和其他教育工作者、受教育者、教育与社会、教育投入与条件保障、教育对外交流与合作、法律责任、附则，共十章，内容涵盖我国社会主义教育事业全领域，适用主体囊括学校、学生、社会机构等教育事业参与者。其中部分条文直接涉及教育管理，可以作为高等学校学生管理法治化的基本法律依据。如《教育法》第27条第1项规定设立学校及其他教育机构必须“有组织机构和章程”。第29条规定：“学校及其他教育机构行使下列权利：（一）按照章程自主管理；（二）组织实施教育教学活动；（三）招收学生或者其他受教育者；（四）对受教育者进行学籍管理，实施奖励或者处分；（五）对受教育者颁发相应的学业证书；……”第30条第1项规定学校及其他教育机构应当“遵守法律、法规”。第6条规定：“教育应当坚持立德树人，对受教育者加强社会主义核心价值观教育，增强受教育者的社会责任感、创新精神和实践能力。国家在受教育者中进行爱国主义、集体主义、中国特色社会主义的教育，进行理想、道德、纪律、法治、国防和民族团结的教育。”综上，《教育法》明确规定了教育整体的原则、方针、方式，涉及本书前文所述诸多学生管理内容的同时还强调“法治教育”，提出“立德树人”路线，无疑为推进高校学生管理法治化提供了重要的法律准则。

### （二）《高等教育法》

《高等教育法》是继我国教育领域基本法《教育法》颁行之后又一部更为特殊具体的法律条文。《高等教育法》归纳整合了自中华人民共和国成立（特别是改革开放）以来所积累的高等教育改革与发展的历史经验与安排，立足于我国当前政治、经济、文化及高等教育的社会实际状况，有效吸收了域外有关高等教育的有益经验以及成功理念，以法律条文的形式确认了我国高等教育长期发展历程中形成的教育思想和教育观念以及成功经验。《高等教育法》对于我国高校学生教育起到了重大而又深远的影响。首先，《高等教育法》的通过有效解决了我国当前高等教育改革和发展过程中出现的系列矛盾并有效保障了我国高等教育的改革与发展。其次，《高等教育法》明确了高等教育发展的基本原则、高校学生教育的性质和地位、高校教育的基本制度、高等学校的设立条件、高等教育投入和条件保障、高等学校的法律地位以及高等学校教师和学生的权利义务等内容，充分贯彻落实了《教育法》以及《中国教育改革和发展纲要》的基本精神。最后，《高等教育法》有效推进了我国依法治教的教育政策，促进并保障了我国高等教育在历史新阶段的创新与发展，这对于我国社会主义物质和精神双重文明的创设构建以及科教兴国这一重大教育战略的有效实现起到了不可替代的作用。[1]从推进高校学生管理法治化的角度而言，《高等教育法》比《宪法》和《教育法》更具有现实参考价值，因为它是为高等教育工作专门制定，具有鲜明的导向性和针对性，能够给高校学生管理法治化提供更多具体指导。

《高等教育法》于 1998 年 8 月 29 日第九届全国人民代表大会常务委员会第四次会议审议通过；2015 年 12 月 27 日，第十二届全国人民代表大会常务委员会第十八次会议第一次修正；2018 年 12 月 29 日，第十三届全

---

[1] 全国人大教科文卫委员会，教育部，司法部. 关于学习、宣传和贯彻实施《中华人民共和国高等教育法》的通知［EB/OL］.（1998-11-27）［2023-03-02］. http：//www.moe.gov.cn/srcsite/A08/s7056/199811/t19981127_162623.html.

国人民代表大会常务委员会第七次会议第二次修正。其内容包括总则、高等教育基本制度、高等学校的设立、高等学校的组织和活动、高等学校教师和其他教育工作者、高等学校的学生、高等教育投入和条件保障、附则，共八章。除前文已述内容外，该法部分条文还直接涉及奖助学金、权利义务关系分配等高校学生管理内容，为高校学生管理法治化进一步提供法律基础。

## 三、部门规章

此处重点介绍与高校学生管理法治化相关的《普通高等学校学生管理规定》。

《普通高等学校学生管理规定》是调整高校与学生法律关系，维护高校正常的教育教学秩序和生活秩序，规范学校管理行为，保障学生合法权益的重要法律文件。[1]

《普通高等学校学生管理规定》主要包括总则、学生的权利与义务、学籍管理、校园秩序与课外活动、奖励与处分、学生申诉、附则，共七章，相关条文直接涵盖了高校学生管理法治化的大部分内容，甚至可以说该规定就是一部高校学生管理法治化总括性指南。

首先，《普通高等学校学生管理规定》第3条明确了高校学生教育的基本方针：学校要坚持社会主义办学方向，坚持马克思主义的指导地位。同时强调要坚持以立德树人为根本任务，以人才培养为中心，加强理想信

---

❶ 郭为禄.坚持方向性 彰显主体性 富有创新性[EB/OL].(2017-02-16)[2023-03-02].http://www.moe.gov.cn/jyb_xwfb/moe_2082/zl_2017n/2017_zl06_2147441721/201702/t20170216_296399.html.

念教育为核心，培育和践行社会主义核心价值观，弘扬中华优秀传统文化和革命文化、社会主义先进文化。

其次，《普通高等学校学生管理规定》第 4 条明确了学生应当拥护中国共产党的领导，努力学习马克思列宁主义、毛泽东思想、中国特色社会主义理论体系。在此基础上，强调要深入学习习近平总书记系列重要讲话精神和治国理政新理念新思想新战略，坚定中国特色社会主义道路自信、理论自信、制度自信、文化自信，树立中国特色社会主义共同理想。只有这样才能教导学生将个人发展、学校的培养目标与国家民族的前途更紧密结合在一起。

再次，《普通高等学校学生管理规定》第 5 条明确了实施学生管理，应当尊重和保护学生的合法权利，教育和引导学生承担应尽的义务与责任，鼓励和支持学生实行自我管理、自我服务、自我教育、自我监督。这不仅体现出了高校与学生关系的历史演进，更体现出了学生在高校学生教育体系中主体性的发展和变革，这就要求高校教师转变传统的教育教学理念，建立以人为本的教育理念。不难看出学生在高校学生教育中的主体性地位得到了凸显，在双方法律关系中的法律地位也得到了充分重视。

最后，《普通高等学校学生管理规定》第 17 条还要求学校应当鼓励、支持和指导学生参加社会实践、创新创业活动。各高校可以结合自身基础设施条件以及研究特点建立健全一套适用于学生创新创业、社会实践的学分系统。这一规定顺应了当前高校学生教育法治化的发展趋势，尊重了高校学生教育管理的客观发展规律，有利于进一步完善落实高校自主办学、激发师生创新创业的政策要求。具体而言，各高校学分管理部门针对高校学生参与创新创业、社会实践等活动以及发表论文、获得专利授权等学术成果设置了相应的学分档案。

总体来说,《普通高等学校学生管理规定》明确了我国高校学生教育的最终目标是促进高校学生的综合素质的全方位提升与可持续性发展。高校学生教育不是建造空中楼阁而是扎根于中国大地、立足于中国特色社会主义建设事业、回应新时代的发展与需求的伟大事业。各高校教育部门应当努力建设符合新发展新趋势新形势下的法治化高校学生管理体系。未来我国高校学生管理法治化发展与改革的主要方向应当聚焦于以人为本、权利义务相统一的依法治校改革。

# 第四节　高校学生管理法治化基本原则

高校包括学生管理在内的所有工作都是为落实立德树人、培根铸魂的根本任务，履行保障学生权利的基本职能，实现为党育人、为国育才的伟大使命而进行的，所以高校学生管理法治化是以法治理念促进教育，我国高校学生管理法治化具有“教育”加“法治”的双重属性，推进其建设的同时也要遵循教育和法治两方面的基本原则，不可重教育轻法治，也不可重法治而忽略教育的价值本位，而是要通过健全的法治管理机制将二者有机结合起来。高等教育兼顾管理与服务，高校法治管理则兼具类似于公法和私法的法律特征，因此，推进高校学生管理法治化，既要贯彻立德树人、以学生为中心的教育基本原则，又要遵循合宪合法、民主决策、合理和正当程序的法治原则。

## 一、立德树人原则

### （一）内涵

“立德”一词最早出现在《左传》一书中，《左传》中提出了“三不朽”，即“立德”“立功”“立言”，其中“立德”居于首位，阐述了立德对于立功和立言的决定作用，只有立好德，才能立好功，立好言。“立德”中的“德”并不是天生的，而是后天形成的，是要靠“立”逐渐形成的。把“立德”放在首位，强调了立德的重要性，这与现代教育强调立德树人要培养学生良好的道德品质是一脉相承的。[1]“树人”一词最早出现在《管子·权修》中的“一年之计，莫如树谷；十年之计，莫如树木；终身之计，莫如树人”。[2]这句话的意思是用一年就能获得的是粮食，用十年能够获得的是树木，用一百年获得的才是人才。“树人”一词的内涵即对人的培养，并且特别强调了培养人才是终身事业。本书认为新时代教育理念也给“树人”增添了全面发展、均衡培养的新内涵。党的十八大报告明确提出教育的根本任务在于“立德树人”。结合其历史内涵和教育领域法律法规的部分界定，本书认为，立德树人就是一种不仅强调知识文化学习和全面发展素质培养，更强调塑造高尚精神品德的教育理念和目标，是使受教育者人格健全，培养诚实守信、爱岗敬业等正确理念，树立正确的世界观、人生观、价值观、荣辱观，争做社会主义建设者的终极教育价值追求。

### （二）基本要求

“培养什么人，怎样培养人”，是教育的根本问题和永恒主题，在高校落实立德树人根本任务时需要通过一系列理念和制度构建来进行保障。落实立德树人原则，一是要坚持以人为本、立德为先的教育理念，让德育贯穿教育的全过程。以人为本的思想是中华传统文化中的永恒价值追求，党

---

[1] 张美玲．高校落实“立德树人”根本任务的现实问题及对策研究［D］．大连：辽宁师范大学，2020．

[2] 黎翔凤．管子校注［M］．北京：中华书局，2005：55．

的二十大报告中“人民”二字出现的次数，就足以体现“以人民为中心”越来越成为我们做事的出发点和落脚点。将“以人民为中心”的观点应用至高校学生管理法治化中，就是高校在开展工作的过程中要始终坚持“以学生为中心”，这就要求高校要高度重视学生，把促进学生成长成才、全面发展作为学校工作的中心任务，把学生看成学校的生存之本和发展之基。“以学生为中心”还意味着一切为了学生、为了一切学生、为了学生一切，即高校不仅要为学生营造良好的成长环境并为其成长创造有利条件，而且这种条件的创造不是为了单个或某部分学生，而是让大多数学生都能够公平地享受到学校提供的一切，同时，这些环境的创造不是为了学生某方面或是某几方面的成长而是为了促进学生的全面发展而创造的广阔的平台。二是要构建行之有效的制度，让立德树人根本任务得到制度保障。只有健全和完善从高校到管理部门再到整个社会的法律规范体系，才能明确“立德树人”这一根本任务的目标、内容、政策和举措，使“立德树人”从一个抽象的应然概念变成一种具体的实然存在。

## 二、合宪合法原则

### （一）内涵

合宪合法原则由“合宪”与“合法”两项原则构成，其中“合宪”最初是中国特色社会主义法治与西方“违宪审查”相区别的概念，顾名思义，这一概念是指符合宪法规定。“合法”则是现代行政法的核心，其拥有较深厚的法理学研究历程。一般认为合法原则可以溯源到近代发展起来的“依法行政原则”，德国行政法学鼻祖奥托·迈耶认为依据三权分立的基本政治原则，行政权应该有效约束在法律的框架之下。[1]具体而言，在行政法领域，行政主体必须遵照法律合法地开展行政活动，不得违反法律。行政主体应当承担其违法行为所造成的相应的法律后果。[2]综上，通俗地理解，合宪合法原则是指规章制度或行为活动要符合宪法与法律规定。基于此，高校在管理学生的过程中应当严格依据宪法和法律法规的规定，做到在法律的约束下依法合法管理学生生活。

在“合宪合法原则”要求高校学生管理法治化的进程中应当坚持遵循基本的法理学要求。

首先，应当遵循“上位法优于下位法”的要求。具体而言，要想贯彻合宪合法原则就要从法律的位阶体系入手，高校学生管理法治化就要按照宪法—法律—行政法规—部门规章—学校章程及其他校内规定的层级进行。其次，要严格遵守“法律保留原则”的行政法原则，其在不同的法律层级之下具有不同的法律意义。从宪法的角度来看，法律保留指的是某些重大事项只能由国家立法机关以正式法律的形式作出规定，同时排除了其他机关（特别是行政机关）代替制定。[3]而行政法意义上的法律保留，是指行政机关作出行政行为必须具备法律法规明确清晰的授权。[4]比如高校在进行学生管理时，类似于学位授予这种高等教育领域最重要的事务，就由国家专门出台的《学位条例》进行规范，属于高校进行“保留”的内容，高校不得超出该条例范围制定校内规章。

[1] 刘伟．试论依法行政原则在我国的发展［J］．行政与法，2011（9）：33-36.

[2] 江利红．行政法学［M］．北京：中国政法大学出版社，2014：320.

[3] 解志勇．行政法与行政诉讼法高级教程［M］．北京：对外经济贸易大学出版社，2009：27.

[4] 应松年．行政法与行政诉讼法［M］．北京：法律出版社，2009：33.

## （二）基本要求

在高校学生管理中有效贯彻落实合宪合法原则应当做到以下两点基本要求：

第一，应当明确高校学生管理制度的各类规范性文件的效力及其适用层级。根据上文的论述，高校学生管理工作中的主要效力渊源包括法律、行政法规、地方性法规、部门规章和其他规范性文件等，在高校学生管理的具体工作过程中应当在《宪法》这一最高行为准则的约束之下，严格遵守各种法律法规的规定。在各类规范性法律文件的具体适用效力发生冲突之时，应当遵循法理学中“下位法不得违背上位法”的基本效力原则。

第二，为了更好地适应高校学生管理的具体情形，高校学生管理工作应当更多地在内部制定更加具体明确的规范制度。当然，在高校内部的规章制度适用过程中也应当严格依据“法律优先”的基本原则所引申出的层级效力原则，乃至依据“法律保留原则”引申出的“校园章程保留”原则，争取创设一个适用位阶分明、各类规范效力和谐统一的校内规范制度。建立起“学校章程—学校部门规章—学院章程—年级制度—班级规定”的位阶次序，其中，学校章程应当起到类似于“根本法”的规范作用。高校内部任何主体制定制度应当严格遵守学校章程的相关规定，在学校章程所约束的合理范围以及幅度内有效管理学生生活。

## 三、民主决策原则

### （一）内涵

列宁认为民主决策原则在形式上要求国家应当确认公民平等的法律地位，具体而言，在国家制度建设以及具体行政管理的过程中应当充分保障公民的政治权利。[1]民主是法治的基础和保障，本书认为民主决策原则要求决策参与者按照科学的决策程序，通过集体协商探讨后，采用民主表决的形式，依照多数决定的基本规则，从而作出实质上最符合共同意志的决策。在高校学生管理法治化进程中采取民主决策原则有助于凝聚决策共识，保障学生的自我管理参与度和一定民主权利。

### （二）基本要求

如何将民主决策有效融入高校学生管理，应当做到以下四个坚持：

第一，要坚持扩大民主的范围和效力。学校应当不断拓宽学生参与学生管理的民主渠道，促进与保障高校学生在决策中的知情权、参与权和建议权。

第二，校方在管理学生的过程中应当始终坚持依法决策的原则。通过宪法、法律、法规和校内章程来规范和约束决策主体、行为以及程序，保障决策的制定以及具体执行都运行在法律的轨道之上，依法追究任何违法违规决策的法律责任。

---

[1] 列宁选集（第3卷）[M].北京：人民出版社，1995：201.

第三，在依法决策的同时也应当坚持按照规则和程序决策。建立健全高校事务决策机制，实现决策学生参与、专家咨询相结合，集体决策与分工负责相结合，民主与集中相结合。

第四，应当坚持决策权责统一的原则。确保校园管理的决策权力要对应相应的管理责任，保障权力与责任相挂钩，依法监督权力的行使，违反法律法规行使权力应当受到相应的惩罚。

## 四、合理原则

### （一）内涵

合理原则是发端于行政法领域的一项基本原则，确认合理原则的主要目的是弥补合法原则自身的缺陷。在合理原则的逻辑框架之下，行政主体并非机械地适用法律法规来行使自身权力，同时也应当尽量保证所作出的行政决定尽可能符合社会普遍认知和人类基本情理。[1]而合理原则在高校学生教育管理领域的具体适用情形则是校方在确保依照法律法规、学校章程行使职权的同时应当尽可能地考虑广大学生的情感认识，使学校决策的作出符合情理，能够引起学生的共识。具体来看，合理性原则还包含以下三项子原则。

1. 比例原则

比例原则是指假如出现行政决定侵犯行政相对人的重大人身财产利益的情形，行政主体应当尽可能保证行政目标实现以及与相对人权益之间

---

[1] 马怀德．论行政法的基本原则［J］．黑龙江省政法管理干部学院学报，1999（1）：8–11.

的平衡，尽可能避免对于行政相对人基本权利的僭越，以期使行政行为的“目的”和“手段”之间能够达成适当的平衡关系。比例原则由宪法基本原理引申而来，秉持着法律保障公民权利的基本精神，尽量克服成文法自身所固有的缺陷。[1] 具体而言，比例原则要求行政机关作出的行政决定应当符合必要性、适当性、均衡性三方面的基本要求。

2. 公平公正原则

任何法律所追求的最终价值都应当落脚于公平公正，我国宪法以及域外的宪法大多都确认了公平公正原则。[2] 从行政法角度分析，公平公正原则要求行政机关在具体作出行政行为的过程中应当平等地对待各个行政相对人，尽量做到不偏不倚。[3] 从通俗意义上理解，公平公正原则一般要求行政机关针对相同的情况能够公平对待。

3. 考虑相关因素原则

考虑相关因素原则指的是行政机关在作出行政决定和裁量时所考虑的各种因素应当属于法律明确规定的相关性因素，应当避免不相关因素对行政决定的影响。因此，行政机关必须全面考虑所有可能相关因素，同时排除所有无关因素对其行为的影响。

## （二）基本要求

合理原则在高校学生管理法治化进程中主要体现在以下几个方面：

首先，高校学生管理部门应当严格遵循比例原则，与传统的以国家强制力为基础的行政行为不同，高校学生管理制度往往蕴含了教书育人的特

[1] 尹晓敏．高等学校学生管理法治化研究［M］．杭州：浙江大学出版社，2008：98.

[2] 何寿生．试论合理行政原则及其运用［J］．中国工商管理研究，2005（10）：29-31.

[3] 陈光中．法学概论［M］．5 版．北京：中国政法大学出版社，2013：321.

殊内涵，衡量其管理效果的一个重要依据也是其具体管理行为是否具备必要性、合理性和适当性。具体而言，在比例原则的框架范围之下，高校的教育管理行为应当尽量兼顾其作为一个系统运行所需的秩序要求以及其作为一座学府所要求的立德树人的根本属性。在高校日常教育管理学生的过程中，难免出现一些为了维护学校日常秩序而不得已限制或剥夺高校学生权益的情形，面对这类两难的情形应当尽可能衡量高校学生管理的秩序目的、教育目的以及学生权益三者之间的适度比例关系。一般来说，比例原则要求高校的教育管理行为应当先要满足必要性的要求，即该管理行为的作出应该是学校为了兼顾教学秩序和教学任务所必须采取的手段。同时，学校所作出的管理方式方法应当尽可能符合学生权益损害最小化的标准。因此，高校在学生管理的过程中要平衡管理行为所追求的目的价值以及该行为所影响的学生权益，以期呈现出比例的相当性。在具体的高校学生管理实践案例中，有关如何对学生实施惩戒管理往往是与比例原则紧密联系的。根据《普通高等学校学生管理规定》，在日常的校园学生管理的过程中应当尽可能通过综合考量比较学生行为的性质、主观的过错心态、行为所造成的损害结果等多个要素，适当合理地给予学生惩戒处分措施。这项立法规定具体体现了比例原则在高校学生管理立法上的重要性。

其次，高校学生管理法治化工作中落实合理原则应当遵循公平公正原则的要求，相同情况同等对待，不同情况区别对待，保证每个学生在每次管理行为中都获得公正对待。尤其是在奖助学金评选、实施学生处分等影响学生权益的行为时，不得偏私、歧视。

最后，在高校学生管理法治化工作中落实合理原则应当遵循考虑相关因素的原则，高校在作出具体管理行为时，应当尽可能地保证各方各类的相关因素是真实存在的，避免诸多无关因素对管理行为所造成的不当影响，保证所作出的高校学生管理决定公平、公开、公正、有说服力。

## 五、正当程序原则

### （一）内涵

正当程序原则指的是行政权力运行过程中不仅应当考虑实体结果的正当性，也应当满足程序基本正义的标准。[1]该行政法领域的基本原则在落实到高校学生管理制度时，就要求高校学生管理活动必须尽量做到行为公开、决定公正以及方便学生、保证学生民主参与的要求。[2]具体而言，正当程序原则主要涵盖了行政公开与行政参与两个子原则。哈罗德·伯尔曼就明确指出假若程序的运行并未向公众公开，那么自然无法实现所谓正义。[3]在高校学生管理的具体语境之下，推行高校校务公开是实现高校学生管理正当程序原则的基础前提，这要求高校学生管理主体在具体行使管理职权的同时，除涉及学校秘密、学生隐私以及特殊例外情形之外，原则上还应当统一向学生组织、社团、个体公开校方学生管理行为的具体事项。[4]一般来说，校务公开存在依申请与依职权两种公开方式。学生民主参与是学生自我管理学生事务的基本形式，体现了社会主义民主的基本精

---

[1] 吕新建．行政法视域下的正当程序原则探析［J］．河北法学，2011（11）：165-171.

[2] 马怀德．行政程序法立法研究：行政程序法草案建议稿及利用说明书［M］．北京：法律出版社，2005：18.

[3] 哈罗德·伯尔曼．法律与宗教［M］．梁治平，译．北京：生活·读书·新知三联书店，1991：48.

[4] 何建华，袁飞．行政公开的法律思考［J］．政法论坛（中国政法大学学报），2002（2）：76-82.

神价值。[1]它是指与高校学生管理决定有利害关系的高校学生应当享有参与行政决策的权利，学校应当保障学生能够完整阐明其自身的观点，并尽可能确保学生作为学生教育管理制度中的关键主体能够对学校学生管理的决定发挥相应的作用。同时，要想推动学生民主参与的实现，必须要求学校形成体系的制度保障，包括但不限于学生听证制度、学生陈述与申辩制度以及学生说明理由制度等。

### （二）基本要求

在高校学生管理法治化工作中落实正当程序原则是维护学生管理秩序、保障学生公平公正享受合法权益的重要手段，从其内涵要求来看，落实正当程序原则就需要保障学生在高校管理中的知情权和参与权。

首先，要让高校学生管理权力置于广泛的监督之下。应当完善健全高校校务公开机制，在学校依据其支配地位对学生实施管理行为的时候，能够确保在事前公开校方实施管理行为的规范来源，在事中确保公开学校管理的具体内容，在事后确保公开学校管理的具体决定事项。保证校务公开是保障学生民主参与的前提，这就要求学校勇于将其具体学生管理决定向全校师生进行公开，这有利于促进和保障全校师生共同监督约束学校学生管理职权的运行和学生参与学校民主决策管理。

其次，高校应当关注并确保在学校管理过程中学生参与权、知情权以及表达权的有效实现。正当程序原则要求学生相对人在接受校方管理的过程中能够进行充分有效的陈述和申辩。高校应当适当拓宽学生充分发表观点的渠道，体现高校尊重民主的基本精神价值，培育和发展学生的政治公

---

[1] 吕新建．行政法视域下的正当程序原则探析［J］．河北法学，2011（11）：165-171.

民素质。高校保障学生的参与权，不仅要保障学生充分有效地参与高校管理者执行规则、实施管理行为的过程，同时也要确保学生有效参加学校内部章程和各项规章制度的具体出台过程。高校应当尽可能做到“敞开天窗立法”，在某些涉及学校、学生重大利益的改革方案、学校章程的具体出台过程中，应当广泛收集并听取学生意见，尽量做到集思广益，提升法治化管理效能。

# 第二章 高校学生后勤保障与管理服务

高校的后勤保障与管理服务是高校教育工作的重要组成部分，完善的后勤保障、高效的管理服务对于高校教育工作的顺利展开与科研活动的顺利进行都具有重要意义。随着高等教育体制改革的深入，现阶段高校的后勤保障与管理服务工作也面临冲击，并在实践中引发了诸多问题。以法治化的途径解决高校后勤保障与管理服务中的深层次问题，有利于维护高校稳定，更好地帮助、服务、保障高等教育事业的发展。

## 第一节　高校学生后勤保障与管理服务法治化概述

相较于高校学生教育管理制度的诸多部门与环节，高校学生后勤服务部作为一个重要基础部门显得较为特殊。首先，从其具体的部门职能来看，后勤服务并不是直接为学生提供育人的相关服务，而是通过提供高质量服务与规范化管理等方式，间接地保障高校学生相应的物质基础和设施，以便高校学生能够在更好的环境中开展工作和学习活动。其次，从其在教育管理过程中具体的作用来看，一个完善齐备的高校后勤服务系统对于构建良好校园文明风尚也起着重要作用。正是基于高校学生后勤制度在整个教育管理体系中的重要地位，推进高校后勤保障和管理服务的法治化进程就显得尤为重要，其不但影响着高校学生后勤服务的规范化、体系化，对于高校学生教育功能的发挥也起到了规范和推动作用。

### 一、概念

“后勤”一词可以追溯到古时的战争领域，意为在军事战斗的拖后区域的专门机构，为前线部队提供作战训练所需的必要物资以及相应的生活保障服务。自 20 世纪 80 年代以来，“后勤”一词开始广泛应用于其他领域的生活物资保障，并随之衍生出“机关后勤”“事业单位后勤”等概念。

其中，高校后勤是指为高校职工和师生提供教学、科研、学习以及生活之必要物质及相应保障的主体，包括住宿服务、医疗服务、饮食服务及交通服务等多个服务机构。

区别于其他高校学术教育管理部门机构，高校后勤在高校学生教育管理制度中起到了极为基础并且至关重要的作用。同时，高校后勤还兼具教育公益性和市场经济性。具体而言，首先，高校学生管理的教育属性要求高校后勤制度应当坚持公益性的原则。因此，高校后勤制度高度注重与强调监察监督，在高校学生管理的具体社会实践过程中，高校后勤机构应当积极履行为高校学生教育培养提供必要的物质支持及服务保障的职责，确保其服务内容以及工作态度等能够适应高校整体的发展水平。高校后勤部门作为一个特殊服务部门不仅应当做到服务师生，也应当培养服务科研的职业精神。其次，国家应当积极支持高校后勤，对高校食堂采取补贴和税收优惠政策。最后，应当认识到，高校后勤除了自身的公益属性之外，在一定程度上还与经济属性存在联系，高校后勤机构向高校师生提供的餐食、住宿、交通、医疗等服务往往要收取适当费用，这就要求高校后勤的运行应当遵循一定的经济市场规律，个税财务部门应当衡量服务的成本与收益。

伴随着长期制度经验的有效积累，我国高校后勤制度形成了隶属于高校行政管理的庞大系统，与当前域外高等学校所推崇的高校后勤市场化服务管理运行体系不同，其运营完全由政府财政投入来保障。这种封闭式、福利型和拨款式的政府主导式的运营模式固然有其稳定的特征，但随着时间的推移，不断暴露出效益差、摊子大、负担重的缺陷。实际上，这种传统高校后勤制度已经越来越难以满足我国高校学生教育的发展需要。对此，1985 年出台的《中共中央关于教育体制改革的决定》明确将社会化后勤体制改革作为我国高校后勤制度改革的重要内容。同时，2000 年教育部、国家计委等六部门在《关于进一步加快高等学校后勤社会化改革的意见》(国办发〔2000〕1 号）中要求做到高校后勤制度与高校行政系统相分离，通过构建高校后勤服务集团、推进高校后勤制度的市场化与社会化，逐步形成自主经营、自负盈亏、独立核算的高校后勤服务制度。

伴随我国高校后勤制度社会化的发展历程，基于学校自身基础设施和发展模式的差异，当前各高校后勤体系结合自身实际发展出了以下几种运营模式：一是“小机关，无实体”的运营模式。在此种高校后勤管理模式下，后勤管理部门的具体形式主要是小机关，高校后勤部门运用市场资源吸收社会力量参与后勤的服务、管理，由市场竞争机制来保证后勤管理服务质量。二是“无机关，大实体”模式。在此种高校后勤运行模式之下，整个后勤集团中往往存在多个组织实体。在这种模式下学校对后勤实体的监督管理较少，故而采用这种管理模式的高校在我国并不多见。三是“小机关，大实体”模式。在这种模式中，高校设立后勤管理部门，而后勤的管理服务通过成立后勤集团来进行。这种运营模式在实践中又可分为两类。第一类为独立法人模式。在该模式中，后勤与学校完全分离，后勤成为独立法人实体，与学校是平等的契约关系。第二类是跨校集团化服务模式。典型的是大学高校园区建设时，由一家实力较强的公司集团负责建设多所高校的后勤设施。四是“小机关，多实体”模式。在此种后勤运营模式之下，存在专门的后勤管理部门统筹带领多个实体提供后勤服务，其中多个实体作为独立的民事法律主体分别与高校方签订服务合同，各实体自行核算收益，独立组织经营、承担盈亏、改革发展。

通过比较当前主流的四种高校后勤运营模式，不难看出目前大部分高校后勤都在不同程度上呈现出了与学校行政系统分离的趋势，逐步演变出不同程度上的社会化与市场化特征。但是高校后勤管理制度的社会化在一定程度上也难免暴露出高校教育公益性和社会市场经济性之间的难以调和的矛盾与冲突，纯粹地追求利益最大化、过分重视经济效益而忽略社会效益的市场逐利性与高校教育的公益性显得有些格格不入。虽然高校后勤管理市场化的浪潮已经无法避免，但并不能因此将市场化作为高校后勤逃避社会责任的依据。综上，在高校后勤运营制度改革的过程中既要尊重市场规律、发挥市场化的高效性，更要兼顾高校后勤的公益属性，将高校后勤管理制度纳入社会主义市场经济的框架之下，争取达成公益性与市场性的合理平衡状态，以期最终满足高校后勤管理制度长期可持续性发展。

## 二、法律规范

伴随着社会主义法治建设正式确认依法治国为国家治理的基本方略，我国高等学生教育体制面临着一场全新的变革浪潮，各高校的后勤管理部门也无疑面临着巨大的压力与挑战。在当前法治国家、法治政府、法治社会三位一体的和谐共建的大背景之下，高校后勤在管理服务过程中也应当树立法治理念，遵循法律法规，将完善制定校园后勤管理服务规章制度作为后勤管理过程中的行动指南，最后达到进一步促进与保障实现高校后勤制度的法治建设的目标。对此，首先，要求各后勤部门严格遵守法律法规，满足现代公司市场运营机制的核心要求，完善补充相关的规章制度，争取做到有法可依、有法必依。其次，学校的相关行政部门应当妥善协商、统筹管理各实体组织严格遵守法律规定的管理和服务。后勤实体应该严格依据我国《物业管理条例》以及各个省市颁布的高校标准化物业准则中的规定，配合学校提供校园服务，建立健全相关制度体系，定期进行检验检测并接受相关部门的监督。

高校学生后勤服务管理体系的具体内容主要包括住宿服务管理、餐饮服务管理、医疗保健服务管理以及交通物业服务管理等四个方面。由于高校后勤涉及面广，基本覆盖了校园生活的方方面面，目前尚未有专门系统的高校后勤法律法规，各类规定只是散见于各类法律规定及规范性文件中。

### （一）有关住宿服务管理的法律规定

目前，我国高校住宿管理一般采用学校后勤部门统一向学生提供住宿的模式。学生公寓相关规定散见于《高等教育法》《突发公共卫生事件应急条例》《普通高等学校学生管理规定》《高等学校消防安全管理规定》等法律法规和部门规章中。为了加强学校对学生公寓的管理，教育部专门出台了有关高校学生住宿管理的规范性文件，对高校住宿服务管理提出以下要求：

首先，高校与学生公寓企业以及物业服务机构之间应当订立合同，确认各方法律关系的具体内容。高校相关部门应当贯彻落实国家对学生公寓的优惠政策，各方当事人应当尽可能根据实际情况明晰各方的权利与责任，严格遵守合同的具体约定以确保学生公寓的日常运转。高校学生管理部门着重推进学生在日常住宿过程中的道德教育，高校后勤部门则应当为学生公寓提供基础性的物业管理。

其次，高校住宿服务部门应当建立健全完备的学生住宿管理机制，积极落实学生住宿费的清缴、日常宿舍管理、安全保障等具体工作内容。高校学生公寓应当依据中央和省级政府明确的市场公寓收费标准向学生合理收取费用，坚决杜绝任何学校与相关企业向高校学生违法违规收取费用，如高收费或乱收费的情形；各高校学生宿舍管理部门应该按照班级学号合理合规地安排学生住宿，禁止依据学生地域、经济实力等无关因素歧视学生；后勤管理部门应当加强与学校保卫部门的联动，建立信息的收集、处理、报送机制和紧急状况应急处理机制。同时，各高校学生宿舍管理部门还应当联络校外的公安部门维护高校宿舍周边的治安维稳，建立健全针对各类重大公共卫生事件的解决方案。

最后，各高校学生宿舍管理机关应当尽量确保学生的监督权、参与权，积极鼓励学生自我管理、相互帮助。学校住宿管理部门可以适当设立学生监督机构以针对宿舍各问题进行有效的监督和反馈。同时，各管理部门应当注重学生宿舍的教育作用，将各学生公寓发展为思想政治教育的重要平台，确保学生的校园文化活动健康和谐，保障高校宿舍积极建设精神文明。鼓励学生合理维护自身权利，建立学生民主监督组织，身体力行地参与并监督学生宿舍服务的日常管理过程以及相关运行情况，并及时地反映学生的相关权利诉求。

除了上述要求之外，在实际的高校学生宿舍的管理过程中，各高校还应当根据实际情况制定符合本校实际以及学校特色的学生公寓管理细则，方便针对学生宿舍的日常运营进行妥善的管理。当然，在学生住宿管理中如果发生财产损益、民事侵权等纠纷时，也可以适用相关民事法律解决纠纷。

### （二）有关餐饮服务管理的法律规定

为保障学校师生的日常饮食需求，各高校一般都与特定的食品企业合作建立食堂以满足高校师生的就餐需求，可以说各高校餐饮服务部门的好坏决定了高校师生在校的餐饮质量是否过关、食品安全能否得到保障。

高校餐饮服务应当遵守我国法律、行政法规和部门规章中有关食品安全和卫生的相关规定，主要包括《食品安全法》中关于食品生产、加工、销售、提供餐饮服务及食品储存等的规定，《突发公共卫生事件应急条例》中关于重大食物中毒事件应急处理的规定，另外还有《餐饮业经营管理办法（试行）》《国家食品安全事故应急预案》《餐饮服务食品安全操作规范》等规范性文件。根据上述相关规范性文件的具体规定，高校餐饮工作人员管理、卫生标准设定、食堂成本公开与补贴和餐饮服务育人应当符合下列要求：

（1）学校应当建立起一套完备可行的餐饮工作人员岗前教育制度，积极组织各项内容的监督检查，统计核实工作人员的具体健康状况并按照相关规定归入档案，如果存在妨碍学校食品安全的情形，则应当及时将涉事员工调离至其他部门组织。

（2）学校食堂应当确保食堂食材、供应商资质、供餐的新鲜程度、餐饮用具、餐饮环境等事关食品安全的诸多因素都符合相关卫生标准的具体规定。

（3）学校食堂应当在市场定价的基础之上，定期公开食堂收费标准，围绕民主参与的原则构建一套科学系统的学生食堂成本调查和定期公开制度，及时通过相关财政措施确保食堂价格保持相对稳定。

（4）学校应当贯彻国家民族政策，促进和保障清真食品安全管理以及相关餐饮人员的培训，提供清真食堂、窗口以及就餐区。

（5）学校食堂应当根据学生饮食的实际状况来合理确定食材具体用量，避免造成粮食的浪费。同时，学校应当配合相关部门定期组织学生参与光盘行为、节约粮食等教育活动。

总体而言，各高校可以依据上位法的具体框架，将国家层面的法律法规条文落实到学校的具体校园规章，将规范性条文与学生用餐实际状况相结合，并建立完善可行的食堂监管体系，规范食堂运营的制度体系。

### （三）有关医疗保健服务管理的法律规定

高校医疗保健机构是以为校园师生提供医疗保障服务作为主要目标，由各高校所在地的卫生行政部门审批设立的机构。具体而言，校园医疗服务部门负责日常监测学校师生以及相关人员的健康状况，帮助学校进行日常的流感疫情预防工作，配合学校进行学生健康教育，培养学生形成健康的生活作息和饮食习惯。

当前与高校医疗保健机构密切相关的法律法规和规章包括《民法典》《传染病防治法》《医疗事故处理条例》《学校卫生工作条例》《全国医院工作条例》等，在高校医疗保健机构职责、管理体制、医疗事故处理、责任认定方面都作出了规定：

（1）提供新生体检等定期健康检查，建立学生健康管理制度，制作学生体质健康卡并将其纳入学生档案。

（2）根据《传染病防治法》的规定，做好传染性疾病预防管理工作，开展各类技能培训，做好疫情报告、控制和防治工作，保证校园卫生环境。

（3）按照医疗流程提供必要的医疗救治，及时做好转诊等工作，保障师生身体健康。

（4）开展健康教育，协助高校做好日常健康知识和传染病预防知识的宣传教育，开设大学生健康教育课程或讲座，提高师生健康意识。

### （四）有关交通物业服务管理的法律规定

除了上述服务类型，高校后勤管理体系还包括交通物业服务管理这一重要的组成部分。

各高校可以根据实际以及自身特点为校内师生提供交通服务。在校车管理上，我国目前并未有法律法规专门规定高校校车的运营管理，一般适用《道路交通安全法》等相关法律法规，在乘坐校车过程中因校车方责任造成学生人身财产损害的，损害赔偿适用《刑法》中与交通肇事相关的规定和《民法典》中的相关规定。

# 第二节 高校如何应对后勤人员与学生发生纠纷事件

## 一、案例简介

某天，河北某高校的两名保安下班后在校园中遇到两名边走路边打闹玩耍的同学，其中一名同学在打闹的时候不小心碰到了保安甲。该同学并未道歉就准备离开。保安甲见状叫住该同学，并质问对方连道歉都没有。该同学见状非常不耐烦地说了声“对不起咯”就准备离去，其漫不经心的态度惹恼了保安甲，保安乙见状也上前强行抓住并质问两人，双方情绪逐渐激烈并动起手来。混乱中其中一名同学被打倒在地，手臂当场骨折。路过的其他同学见状，忙拉开了双方，当场报警并报告给了学校保卫处。受伤的同学被及时送往医院，所幸并未造成更严重的伤害。物业管理中心主任得知此事后，第一时间前往医院看望受伤的学生，帮其缴纳了医疗费，之后还每天为其送饭。事后，学校保卫处和物业管理中心了解了事件的具体情况后，对两名保安作出开除决定，学校也对两名同学进行了教育批评。但受伤同学的父母在得知此事后，要求学校和物业管理中心赔偿伤病费用和精神损失。对于该同学父母的要求，物业管理中心并未对其做出回应。最后，家长提出要求解决学生因受伤而无法参加考试的问题，物业帮助联系学生处后，顺利解决了此事。不久，受伤学生出院，其父母也逐渐不再提出别的要求。

## 二、合法性分析

本案例实质上反映了高校行使安全管理权和学生权利之间的冲突，其法律焦点主要在于：高校保安行为所造成的后果是否应由物业管理中心承担？

第一，高校保安行为所造成的后果不需要由物业管理中心承担。首先，两名保安虽然属于高校物业管理中心的员工，但冲突的发生时间是在两人下班之后，不在工作时间内；其次，两名保安与同学之间发生争执本质上属于保安个人行为，与其工作任务无关，故而不属于“因执行工作任务造成他人损害”，单位无须承担侵权责任；最后，保安打人的行为不仅违反了学校内部的安全管理规定，更违反了《治安管理处罚条例》第 22 条第 1 款的规定，学生家属可以向警方报案，追究这两名保安的法律责任，但他们与学生之间发生的纠纷并由此造成的不良后果是保安在下班之后的私人行为，与其单位（物业管理中心）无关，物业管理中心不需要承担经济赔偿责任和法律责任。但从职工管理与校园安全角度出发，物业管理中心应当承担教育和管理职工的责任，应当加强职工教育，杜绝此类事件发生。

第二，从法律层面来看，物业管理中心并不需要承担经济赔偿责任，但是物业管理中心负责人仍然主动前往医院看望慰问受伤学生，物业管理中心还为其支付了相关费用，充分体现了人道主义精神，并且在与学生家长就赔偿一事产生分歧时，通过冷处理的方法化解了争端，其做法值得借鉴。

## 三、预防路径

高校如何应对后勤人员与学生发生冲突是高校日常管理中面临的一大问题。我们认为，学校应当采用不同方法，提升后勤管理人员、学生的法律意识和争端化解意识，切实减少冲突发生可能。

第一，加强对后勤人员的管理教育，提升后勤人员的基本素质。

作为高校管理工作的一分子，后勤人员的工作与学生的日常学习、生活息息相关，后勤人员与学生之间发生冲突的可能性也最高。对此，高校在招聘后勤人员时应当把服务意识和纪律意识作为选人用人的重要标准，将不具备这些基本素质的人员剔除出队伍。同时，要加强对后勤人员的管理教育，使其树立“围绕学生、服务学生”的基本工作理念，每周召开后勤工作会议，整理汇报本周后勤工作存在的不足以便及时改进，对表现突出的后勤人员应予以表扬，发挥榜样的模范带头作用，促使全体后勤人员都能主动提升自身素质。

第二，加强校园法律知识宣传力度，增强学生法律意识。

高校应当加大校园内的法律知识宣传力度，提升学生的法律意识，进而保证学生在遇到类似问题时懂得运用法律手段维护自身合法权益，高校管理者可以通过定期举办法律知识讲座、在学生宿舍设立法律知识宣传栏、举行法律知识竞赛等方式营造“懂法、知法、守法、用法”的良好校园风气，同时在校园内设立专门的法律咨询处，为需要帮助的同学提供必要的法律援助。

## 四、关联性法律法规政策

《中华人民共和国民法典》(中华人民共和国主席令第 45 号)

**第一千一百九十一条** 用人单位的工作人员因执行工作任务造成他人损害的，由用人单位承担侵权责任。用人单位承担侵权责任后，可以向有故意或重大过失的工作人员追偿。

劳务派遣期间，被派遣的工作人员因执行工作任务造成他人损害的，由接受劳务派遣的用工单位承担侵权责任；劳务派遣单位有过错的，承担相应的责任。

## 五、给辅导员的建议

首先，学生受伤属于突发事件，辅导员应当及时到达现场，保证受伤学生及时就医，同时应当向目击人员了解案件的具体状况，掌握信息并尽快与学生物业管理中心取得联系，厘清事件的来龙去脉和前因后果，及时向院系分管领导汇报情况。

其次，辅导员通知家长后应当体谅家长的心情、安抚家长情绪以及稳定家长的态度，并且配合当地的派出所妥善处理相关人员。

再次，辅导员应当及时在受伤同学所在的班级召开班级会议，对事件的经过和处理结果进行详细的说明和解释，避免不实舆论发酵传播，同时教育学生学习有关人身伤害案件的法律知识，提升学生的法律意识。

最后，了解受伤学生的身体、心理以及学习生活方面的具体情况，为其提供帮助。学生因受伤而错过期末考试，辅导员可以根据学校的相关规定帮助学生提出缓考的申请，保证其能够正常完成学业，从而顺利毕业。

# 第三节　高校如何应对食堂就餐学生食物中毒事件

## 一、案例简介

某天晚上，四川某高校一寝室四人集体出现了腹痛的症状，几人一起来到学校附近医院的急诊科就诊，医生了解情况后，初步诊断为食物中毒。据四位同学回忆，他们晚餐一同在学校的第三食堂就餐。据悉，当日下午曾在该餐厅就餐的其他一些同学也出现了不同程度的腹泻、腹痛情况。学校了解此情况后，及时通知了公安、卫生、食药等相关部门。第二天上午，该餐厅停止营业并接受调查。市疾病控制中心及时对该餐厅进行采样化验。经过调查，警方排除了人为恶意在餐厅饭菜内投毒的情况。卫生部门对餐厅的环境卫生、食材等情况全面调查之后发现，该餐厅在学生中毒当日的晚餐中使用了已经变质的鸡肉，中毒的同学均食用了变质的鸡肉。餐厅工作人员解释道，该次事件是由于一名员工在准备食材的时候误拿了已经要准备扔掉的鸡肉。

## 二、合法性分析

高校食堂发生食物中毒事件，属于校园卫生以及食品安全案件，涉及校内师生的人身财产利益，是高校学生管理应当引起重视的案件类型，其法律焦点主要在于：（1）高校在食品中毒这一公共卫生事件中承担何种法律责任？（2）该类公共卫生安全突发事件的相关责任应如何追究？

第一，高校针对食品中毒案件应当积极依法履行管理职能并承担相应的法律责任。

根据《食品安全法》《突发事件应对法》《食品安全法实施条例》的规定，学校应当针对食物中毒或者其他食源性疾患等突发事件建立起一套有效可行的突发事件应急制度。假如存在学生食物中毒或疑似食物中毒事件时，学校应当立即停止生产经营活动，向所在地的相关行政部门进行汇报；联系并配合当地医疗机构救治学生；保留现场并收集相关部门所需的与案件相关的证据材料；依照相关部门的工作要求提供涉案材料样本；采取其他防治措施，将损失降到最低。

结合本案例看，学校发生卫生安全事故后，学校应当履行及时上报、积极配合卫生行政部门展开调查的职责。可以说，学校在事故前期能够进行妥善处理为案件的影响危害最小化奠定了坚实的基础。

第二，明确法律责任，妥善处理突发事件。

对于食品安全领域突发卫生事件的法律责任判定，法律法规规章有着明确的规定，如在食品安全的法律责任方面，可以根据《刑法》《食品安全法》等予以处理；在应对突发事件中出现的问题时，可以依据《突发事件应对法》《突发公共卫生事件应急条例》等予以处理。

根据《学校卫生工作条例》《餐饮服务许可管理办法》《餐饮服务食品安全监督管理办法》以及《学校食堂与学生集体用餐卫生管理规定》的规定，学校应当认真贯彻执行食品卫生的规范性文件，构建一套具体完备的食品安全管理以及责任追究的机制。一旦出现食物中毒等突发公共卫生事件时，学校应当调查清楚相关单位以及个人的主管过失并追究相关责任人的侵权责任，假如构成犯罪，应当要求国家机关依法追究其刑事法律责任。在突发事件的应急处理中，如果存在渎职失职、拒绝配合有关部门等违法违规情况，应当依照《突发事件应对法》《突发公共卫生事件应急条例》等规定处罚相关单位和个人。

根据相关规定，本案例中的食品安全事故应当归为一般中毒案件。学校针对事故作出了及时有效的防范并未扩大不良后果，在事件处理上不存在重大过失。但学校依旧存在管理不周、监督不严等过错，应依法整改，并依照有关法律规定承担行政责任。对于相关责任人，应根据其行为性质，承担行政法律责任。具体而言，造成食品安全事故的责任单位和责任人应当按照有关规定对中毒的学生给予赔偿，承担受害人后续治疗等相关费用，而作为食堂管理方的学校不仅应给予学生人文关怀意义上的补助，还要承担监管不严等责任。总之，食堂承包方应当承担法律责任，学校作为管理方应承担连带责任。

## 三、预防路径

食以安为先，食品安全问题是保障学生生命健康的重要一环。高校食堂由于规模大、学生众多且具有聚集性的特点，一旦发生食物中毒，可能就是大规模的集体性食物中毒，这类公共卫生突发事件一旦处置不当，很容易导致严重后果。因此，高校必须加强对学校食品卫生的管理，保障食品安全是高校后勤的一项重要任务。

第一，各高校应当构建一套完善可行的食品安全管理制度，预防各类可能的风险，以期达到未雨绸缪防患未然的作用。

学校应当严格依据法律法规规章，在食堂的场地设施、人员培训等方面贯彻执行国家和地方的有关卫生安全标准，以完善的规章制度明确要求、落实责任，以制度的方式让这些措施能够得到真正的落实，从制度上把握住食品安全的关口，让食品安全能够得到相应的制度保证，从而减少或避免食品安全事故的发生。

第二，各高校应当针对学校的食品安全突发事件预设一套紧急应对措施，以便在事故真正发生时能够合理处置。

高校应当依据法律法规要求，健全校园突发事件的应对机制和与相关部门的沟通协调机制，制定和完善工作预案，明确工作责任、规范工作流程，及时妥善地处理突发事件。

第三，在学校范围内积极开展有关食品安全的宣传教育工作。

高校应当宣传和普及食品安全方面的知识，提高师生面对食品安全事故时的应急能力，培养自我救助的意识以及相关专业技能。

## 四、关联性法律法规政策

1.《中华人民共和国刑法》(中华人民共和国主席令第 66 号)

**第一百四十三条** 生产、销售不符合食品安全标准的食品，足以造成严重食物中毒事故或者其他严重食源性疾病的，处三年以下有期徒刑或者拘役，并处罚金；对人体健康造成严重危害或者有其他严重情节的，处三年以上七年以下有期徒刑，并处罚金；后果特别严重的，处七年以上有期徒刑或者无期徒刑，并处罚金或者没收财产。

2.《中华人民共和国食品安全法》(中华人民共和国主席令第81号)

**第一百二十六条**　违反本法规定，有下列情形之一的，由县级以上人民政府食品安全监督管理部门责令改正，给予警告；拒不改正的，处五千元以上五万元以下罚款；情节严重的，责令停产停业，直至吊销许可证：

……

(十二)学校、托幼机构、养老机构、建筑工地等集中用餐单位未按规定履行食品安全管理责任；

……

**第一百四十八条**　消费者因不符合食品安全标准的食品受到损害的，可以向经营者要求赔偿损失，也可以向生产者要求赔偿损失。接到消费者赔偿要求的生产经营者，应当实行首负责任制，先行赔付，不得推诿；属于生产者责任的，经营者赔偿后有权向生产者追偿；属于经营者责任的，生产者赔偿后有权向经营者追偿。

……

3.《中华人民共和国突发事件应对法》(中华人民共和国主席令第69号)

**第六十四条**　有关单位有下列情形之一的，由所在地履行统一领导职责的人民政府责令停产停业，暂扣或者吊销许可证或者营业执照，并处五万元以上二十万元以下的罚款；构成违反治安管理行为的，由公安机关依法给予处罚：

(一)未按规定采取预防措施，导致发生严重突发事件的；

(二)未及时消除已发现的可能引发突发事件的隐患，导致发生严重突发事件的；

（三）未做好应急设备、设施日常维护、检测工作，导致发生严重突发事件或者突发事件危害扩大的；

（四）突发事件发生后，不及时组织开展应急救援工作，造成严重后果的。

前款规定的行为，其他法律、行政法规规定由人民政府有关部门依法决定处罚的，从其规定。

4.《突发公共卫生事件应急条例》（中华人民共和国国务院令第 588 号）

**第五十一条** 在突发事件应急处理工作中，有关单位和个人未依照本条例的规定履行报告职责，隐瞒、缓报或者谎报，阻碍突发事件应急处理工作人员执行职务，拒绝国务院卫生行政主管部门或者其他有关部门指定的专业技术机构进入突发事件现场，或者不配合、采样、技术分析和检验的，对有关责任人员依法给予行政处分或者纪律处分；触犯《中华人民共和国治安管理处罚法》，构成违反治安管理行为的，由公安机关依法予以处罚；构成犯罪的，依法追究刑事责任。

5.《学校卫生工作条例》（中华人民共和国国家教育委员会令第 10 号、中华人民共和国卫生部令第 1 号）

**第九条** 学校应当认真贯彻执行食品卫生法律、法规，加强饮食卫生管理，办好学生膳食，加强营养指导。

## 五、给辅导员的建议

首先，在多名学生反馈食用食堂食物出现不良反应后，辅导员要第一时间赶到现场，并将学生送至医务室，由值班医生进行初步诊断和处置。

其次，当发现医务室无法对该症状进行后续处置和治疗后，辅导员应当马上将情况报告院领导，并同值班医生商量，将出现症状的学生送至附近大型医院，同时立即让学生干部排查是否还有因食用食堂食物而出现类似症状的学生，排查出后立即送至医院。

再次，辅导员要安排学生干部对本次事件进行网络舆情监控，在本次事件还未认定之前，安排学生干部安抚班级同学，不要在网络上传播未经核实的信息，避免因传播不实信息而扩大不良影响，等待官方调查结果公布。

最后，要及时向学生公布最终调查结果，消除学生的负面情绪，同时注意学生群体情绪情况，防止其他衍生事件。事后，要及时开展食品卫生教育，加强学生的食品安全意识。

## 第四节 高校如何应对学生与校医院的医疗纠纷

### 一、案例简介

某天，郑州某高校大三学生小康（化名）感觉嗓子不适，但以为是前一天傍晚吹风所致，并未在意。隔日上午，小康感觉疼痛更加明显，遂在室友的陪同下来到校医院就诊。校医胡医生在询问症状并观察了小康咽喉之后，诊断其为呼吸道感染，并开了头孢类抗生素药物。小康回寝室服药后，感觉疼痛略有好转。当日下午，小康再次出现咽喉疼痛症状，遂再次去校医院找到校医胡医生。胡医生询问情况之后，给小康安排了输液。但在输液过程中，小康逐渐感觉呼吸困难。起初，小康和室友并未在意，以为只是输液药物的影响。但小康呼吸困难情况加剧。室友赶紧呼叫医生并拨打120，小康被紧急送往医院，但在去医院的途中，小康意识逐渐消失，陷入昏迷。最终，小康还是因为抢救无效不幸去世。小康的父母向法院起诉校医院，认为校医院在小康就医过程中，诊断不准确、治疗不及时、看护不周全，存在严重的失职问题。

## 二、合法性分析

该案例是一起典型的学生与校医院的医疗纠纷事件，其法律焦点主要在于：（1）究竟应由谁承担法律责任？（2）相关方应承担何种法律责任？（3）应当适用何种法律程序？

第一，本案例中高校医疗保健机构的性质决定了究竟由谁承担法律责任。

根据《高等学校医疗保健机构工作规程》的规定，校医院作为高校的内设机构应当积极履行包括健康体检、社区医疗、疫情预防、卫生监督、医疗改革和管理等职责。根据《医疗机构管理条例》的规定，高校主管校长应当直接领导或是委托相关部门领导学校内设的门诊部、诊所医疗机构。由此可见，校医院仍隶属于学校，不具备独立的民事主体资格，不具备独立承担法律责任的能力，应当由学校承担相应的法律责任。

第二，本案例中医疗纠纷的性质决定了相关人的法律责任。

当前，不少高校学生“吐槽”校医院服务态度、治疗水平、基础设施、缴费收费等方面不尽如人意。单纯的“吐槽”并不涉及法律责任承担，而一旦高校医院的医疗方法未能起到应有效果，甚至可能恶化患者病情，危及患者身体健康之时，便容易引发医疗纠纷。此时，确定此类医疗纠纷是否为医疗事故及其法律性质就成为妥善处理该医疗纠纷的关键。

根据《医疗事故处理条例》第 2 条的规定，医疗事故是指医疗机构及其医务人员在医疗活动中，违反医疗卫生管理法律、行政法规、部门规章和诊疗护理规范、常规，过失造成患者人身损害的事故。《医疗事故处理条例》对于医疗事故的鉴定、赔偿等都有较为明确的规定。经过鉴定，证实医疗纠纷中的人身损害确属医疗事故的，可以依据相关法律法规予以赔偿；如不是，可以按一般侵权案件处理。

第三，依法解决医疗纠纷将是维护高校与学生双方合法权益的根本方法。

在发生医疗纠纷后，当事人应及时申请医疗事故鉴定，经鉴定确属医疗事故的，则根据《医疗事故处理条例》，当事人可以以书面的形式向卫生行政部门申请处理，但是当事人如果既向卫生行政部门提出处理申请，又向人民法院提起诉讼，则卫生行政部门不予受理，已经受理的应当终止处理。当事人双方也可以自行和解，还可以向卫生行政部门提出调解申请，也可以直接向法院提起民事诉讼。如果只是一般的医疗纠纷，则可以借助协商、调解或是诉讼等手段争取人身损害赔偿。

《医疗事故处理条例》以及《最高人民法院关于民事诉讼证据的若干规定》等均规定，如提起医疗侵权诉讼，患者一方请求医疗机构承担侵权责任，应证明患者与医疗机构之间存在医疗关系及受损害的事实。对于是否存在医疗关系，应将综合病例、出院证明、出诊单等能够证明医疗关系存在的证据加以认定。若诉讼过程中，医疗机构表示明确承认患者所说的受到损害的事实，患者则无须进行举证证明。

本案例中，小康父母认为小康之死是因校医院医生的失职、懈怠所导致的，校医院存在过错，应承担相应的法律责任。对此，小康父母与校医院均可主动申请医疗事故鉴定，以确定校医院医生的失职、懈怠行为是否构成医疗事故，也可以选择直接向法院起诉。在诉讼过程中，小康父母应当提供相关证据，而校医院则应当依法提供证据证明己方在诊疗过程中无过错或是诊疗方式与小康之死间不存在因果关系。如果构成医疗事故，学校或校医院不仅要承担民事赔偿责任，机构相关负责人还要承担相应的行政责任，后果严重的甚至可能承担刑事责任。

## 三、预防路径

高校医疗纠纷一直是个难题，医疗行为本身带有一定的风险性，加之确实发生过学生伤亡等极其严重的事故。因此，依法妥善解决医疗纠纷将是培育高校良好教育环境的必要举措。

第一，完善学生医疗保险制度，加强对校医院的监督管理。

受经费不足等原因限制，高校医疗机构普遍存在人员较少、设施落后等问题。对此，在现有的公费医疗体制下，应当推动学生医疗保险制度改革，理顺校医院等高校医疗保健机构的管理机制，加大资金投入，加强对校医院的管理监督，提高校医院的服务质量与服务水平。

第二，重视校医院人员的教育培训。

校医院内部的医务人员属于学校教职员工，除了医疗救助职责外，还承担着必要的教育责任。学校应通过教育培训、制度建设等方式强化对校医院医护人员的培训，提升其服务育人的主动性，减少乃至避免医疗事故发生。

第三，采用合法方式化解纠纷。

当出现医疗纠纷时，学校应当责令校医院及时整改，并及时向同学反馈，接受同学监督。当医疗事故发生后，学校应当依法办事，切实维护学生合法权益，给予学生必要的人文关怀。

## 四、关联性法律法规政策

1.《中华人民共和国刑法》(中华人民共和国主席令第66号)

**第三百三十五条** 医务人员由于严重不负责任，造成就诊人死亡或者严重损害就诊人身体健康的，处三年以下有期徒刑或者拘役。

2.《中华人民共和国民法典》(中华人民共和国主席令第45号)

**第一千二百一十八条** 患者在诊疗活动中受到损害，医疗机构或者医务人员有过错的，由医疗机构承担赔偿责任。

3.《医疗机构管理条例》(中华人民共和国国务院令第752号)

**第十四条** 医疗机构执业，必须进行登记，领取《医疗机构执业许可证》；诊所按照国务院卫生行政部门的规定向所在地的县级人民政府卫生行政部门备案后，可以执业。

4.《医疗事故处理条例》(中华人民共和国国务院令第351号)

**第二条** 本条例所称医疗事故，是指医疗机构及其医务人员在医疗活动中，违反医疗卫生管理法律、行政法规、部门规章和诊疗护理规范、常规，过失造成患者人身损害的事故。

**第三十七条** 发生医疗事故争议，当事人申请卫生行政部门处理的，应当提出书面申请。申请书应当载明申请人的基本情况、有关事实、具体请求及理由等。

当事人自知道或者应当知道其身体健康受到损害之日起1年内，可以向卫生行政部门提出医疗事故争议处理申请。

**第四十条** 当事人既向卫生行政部门提出医疗事故争议处理申请，又向人民法院提起诉讼的，卫生行政部门不予受理；卫生行政部门已经受理的，应当终止处理。

5.《学校卫生工作条例》(中华人民共和国国家教育委员会令第 10 号、中华人民共和国卫生部令第 1 号)

**第二十条**　普通高等学校设校医院或者卫生科。校医院应当设保健科(室)，负责师生的卫生保健工作。

……

6.《最高人民法院关于民事诉讼证据的若干规定》(法释〔2019〕19 号)

**第一条**　原告向人民法院起诉或者被告提出反诉，应当提供符合起诉条件的相应的证据。

**第三条**　在诉讼过程中，一方当事人陈述的于己不利的事实，或者对于己不利的事实明确表示承认的，另一方当事人无需举证证明。

……

7.《高等学校医疗保健机构工作规程》(中华人民共和国教育部令第 30 号)

**第二条**　高等学校医疗保健机构指设在高等学校内、主要为师生员工提供医疗保健服务的机构，按学校规模大小及服务对象多少分别设置校医院或卫生科。

**第十四条**　高等学校医疗保健机构受主管校长直接领导，或由主管校长委托总务部门领导，业务上接受当地卫生行政部门的监督和指导。

## 五、给辅导员的建议

首先，辅导员接到情况报告后应当立即到达现场，了解学生情况，由于学生情况紧急，必须立马拨打附近权威医院急救电话，并安排好主要学生干部在主要路段引导救护车，带领医护人员到达现场，节省时间，让该生尽快得到抢救。同时，要紧急向上级做好沟通和汇报。

其次，在抢救过程中，辅导员要全程陪同，帮助其处理必要的医疗手续。在送医过程中，需要及时联系该学生的家属，告知家长学生现在的基本情况，并介绍抢救进度，做好情绪安抚工作，同时做好学生情况调查，询问家属该学生是否有过相关病史，帮助医生更快排查出具体原因。

再次，学生死亡后，辅导员应当控制好舆论影响，如实跟班级同学通告该学生情况，避免舆论发酵和扩大不良影响。与学生家属做好沟通，了解其需要，尽力帮助反映、解决其困难。例如，帮助其解决好医保理赔工作，为其争取相关补助，做好善后工作。

最后，辅导员应当深入了解班级同学的相关病史，对于有特殊疾病病史的同学给予特别关注，经常与其谈心谈话，掌握其健康状况。同时，在全班范围内开展医疗知识和医疗保险的相关教育，提醒各位同学注意身体健康问题。

# 第三章 高校学生惩戒管理

高校学生教育的一项重要工作内容即如何针对学生的违法违规行为进行相应的惩戒与管理。高校针对学生作出惩戒处分决定涉及学生部分权益的减损乃至丧失，要求高校教育管理权力与学生权利二者之间达成一定的平衡。随着经济文化的不断发展，学生权利保护意识也不断提升，高校对学生的惩戒与管理逐渐成为一项难题。如何依法有效行使惩戒权，实现高校管理权与学生个人权益之间的平衡，也将是高校教育者不得不重视的问题。

# 第一节　高校学生惩戒管理法治化概述

在高校的日常教育管理中，学生负有遵守国家法律法规、道德规范以及高校内部管理规定的义务，假如高校学生存在违反法律法规的行为，学校有权对其施以必要的惩戒，从而实现对学生的良性引导，维护学校正常教育秩序。

## 一、概念

从字面意义上理解，惩戒指的是通过给予某些违反规范的行为否定性评价，从而避免其再次发生，即通过惩罚达到警诫的目的，二者是行为手段与最终目的的关系。伴随着我国高校学生教育的改革与发展，学生的种类不断变化增加，但是高校学生教育本身的目的和“戒除、防止不合规行为再次发生”的根本内涵没有发生变化。

高校学生惩戒是高校为了维护正常教学秩序，遵照有关法律规定，在日常的教育管理中对在校学生的违法、违规、违纪行为采取某种惩戒性手段，从而矫正学生的错误行为并促使其回归正途的活动。当前，我国法律、法规及其他规范性文件中虽然没有普遍采用惩戒这一称谓，但是在教育实践中，惩戒这一做法在高校学校管理中被广泛采用，如退学、取消学籍等。但是，高校学生惩戒本质上是对学生受教育权等权利的直接限制乃至剥夺，因此必须对高校学生惩戒的行为主体、行为目的、行为性质等施以严格的限制，这也是在高等教育领域加强社会主义法治工作的应有之义。

首先，从惩戒关系的双方地位来分析，高校与被惩戒的学生之间属于教导者与被教导者的关系，高校学生惩戒行为所依托的是学校方的强制管理权力，可以说高校与学生在惩戒关系中的地位并不对等。因此，为了限制并约束高校不当使用惩戒权力导致高校学生的受教育权利受到减损，不得不针对惩戒权的行使及惩戒权的内容施加必要限制，以保障高校学生的合法利益。

其次，从高校针对学生进行惩戒管理的最终目的而言，惩戒权行使的最终目的并不在于制裁惩罚学生，而是不得已通过强制力的执行规制某些学生的违法违规行为以维持保护学校自身赖以存在的基本秩序。学校内各师生的教育教学活动的正常展开离不开一个严格明晰的校园管理秩序。同时，针对某些学生的惩戒能够最大限度地对其他大部分学生起到一种以儆效尤的作用，避免类似行为在校园内的再次发生。但是高校惩戒权力的内容及其行使应当严格依据《教育法》等法律的明确授权。在这样的规范前提之下，高校行使惩戒权力所依据的法律、法规、规范性法律文件等均应符合《教育法》的框架逻辑的范围以及幅度。根据《高等教育法》以及《普通高等学校学生管理规定》，各高校惩戒部门不得在法律法规所规定的内容之外不当滥用其惩戒权力。

最后，从高校惩戒权行使的客体角度来看，惩戒权的主要实施对象是在校学习的高校学生，从学生报到直至注销学籍为其权力行使的时间范围。因此，假如某些高校学生存在非法取得毕业证、学位证的情形，即便该学生已经毕业离校，学校仍然享有对其作出取消毕业证书和学位证书的惩戒决定，而不受地域时间因素的影响。但是针对高校学生非处于正常留校期间所做的违法、违规乃至违纪行为，学校则不得滥用权力对其进行惩戒处分。

## 二、法律规范

### （一）惩戒的形式以及适用条件

根据《普通高等学校学生管理规定》，惩戒主要包括批评教育和纪律处分。纪律处分依据行为的性质又可以细分为警告、严重警告、记过、留校察看和开除学籍等五种。

批评教育，是指通过分析学生行为的性质，比较、判断其是非对错，通过指出其缺点与错误，提出改正意见，引起学生反思从而令其主动改正错误的方法。一般来说，批评教育主要适用于轻微的违规违纪等失范行为，其强制力度相对较弱。

警告，即通过提醒、警示、告诫等方式，对学生加以警诫、规劝，敦促其在一定期限内主动改正自身错误以避免造成更为严重的后果。一般适用于学生违纪行为情节轻微、危害不大的情形，其刚性程度略高于批评教育。

严重警告，是针对学生违纪行为严重，但尚未达到记过程度，强令其限期内改正。

记过，是学生违纪行为性质或情节严重，对高校正常管理秩序产生较大危害，以至于学校需要将其违纪行为记入档案，以儆效尤。记过可以说是一种较为严厉的惩戒手段，其惩戒效果不仅局限于学生在校期间，更会因为记入档案而被带入后续生活，甚至影响学生就业。

留校察看，主要是指当学生存在严重的违法违规行为，学校暂时要求学生继续留在校园内进行一定时间内的观察考核。在该审核检查的时间段，学校将综合衡量该生的各个相关因素以判断其是否已经认识到自身错误并确认真心悔改。若学生已经符合相关审查要求则继续维持该生的学籍以及教育资格，倘若该生不知悔改仍然存在违法违规行为，则将作出开除学籍的惩戒决定。

开除学籍，是所有惩戒行为中后果最为严重、方式最为严格以及对学生的受教育权利侵犯最深的惩戒措施。相较于普通的非身份性处罚措施，开除学生学籍事关学生的身份变更以及受教育权的实现，基于开除学籍这一惩戒措施的严重性以及特殊性，《普通高等学校学生管理规定》对开除学籍所适用的情形作了较为完善的限制情形规定，为高校何时可以开除学生学籍的具体适用情境提供相应的规范依据。

## （二）适用惩戒的程序性条件

根据《普通高等学校学生管理规定》，学校对学生的纪律处分，应当做到程序正当、证据充足，保证相关处分决定能够适应于其所对应的行为的性质以及严重程度。一般来说，高校学生惩戒管理应当包括以下程序：

首先，高校惩戒部门应当针对学生的违法违规行为进行相应的取证程序。走访调查确认学生是否存在违法违规行为并积极取证留证，将所保留的证据作为是否进行惩戒以及如何进行惩戒的唯一依据。同时，学校在惩戒处分的过程中应当听取学生的合理意见，尊重并保障学生的陈述以及申辩的权利。

其次，惩戒部门应当根据具体事实情况以及学校的规章要求针对学生的行为作出相应的处分决定。学校惩戒部门一旦确认学生的违法违规事实，应当立即作出相应的处分决定并将相关书面文件送交本人。处分决定书的具体内容应当涵盖但不限于具体事实、规范依据、证据理由以及最终决定结果，同时惩戒部门应当尽量确保学生知悉申诉的期限及申诉途径。受处分的学生对高校作出的处分决定有异议的，可以向学校学生申诉处理委员会或者学校所在地省级教育行政部门提出书面申诉。高校应当严格实施其所作出的处分决定，从而达到真正的教化目的。学校应当向被开除学籍的学生发放相应的学习证明。被惩戒的学生应当在限定时间内离校并由学校将其档案退回其户口所在地。

最后，惩戒部门应当将开除学籍的惩戒决定归入学校档案进行备案管理。惩戒管理部门应当记录所有的惩戒决定以及被惩戒学生的相关身份资料，并确保所有相关材料文件完整准确地归入学校档案库和学生自身档案；有的决定还要求向学校所在地的省级教育相关部门进行备案处理。

### （三）受惩戒学生的救济渠道

高校惩戒涉及学生受教育权益的减损乃至丧失。因此，学校在作出惩戒决定时，必须遵守法律权限，严格依照法律程序，同时应当及时履行告知、送达义务，确保受惩戒学生能够及时知悉具体处罚决定。根据《普通高等学校学生管理规定》，在高校学生惩戒管理过程中学生主要享有以下权利：

首先，被惩戒的学生享有陈述和申辩的基本程序权利。学校在对学生作出惩戒决定之前，应当充分保障受惩戒学生陈述及申辩的权利。假如受惩戒学生请求进行听证的，学校遵循程序正当原则依法进行听证程序，进一步查明事实。

其次，被惩戒的学生享有针对处分决定提出申诉并就复查决定提出异议的权利。学生针对学校的惩戒决定存在异议的情形，应当在接到处分决定书之日起5个工作日内向学校学生申诉处理委员会提出书面申诉。学校惩戒管理部门应当组建学生申诉处理委员会，学生申诉处理委员会的具体组成成员应当包括但不限于职能部门负责人、学校负责人、教师代表以及学生代表。学生申诉处理委员会的主要职能是根据受惩戒学生的申请依法针对学校作出的诸如取消入学资格、退学处理或者违规、违纪处分等处罚措施进行具体审查。学生申诉处理委员会对学生提出的申诉进行复查，并在接到书面申诉之日起15个工作日内作出复查结论并告知申诉人。需要改变原处分决定的，由学生申诉处理委员会提交学校重新研究决定。除了申请异议复查权，学生对学校复查决定有异议的，在接到学校复查决定书之日起15个工作日内，可以向学校所在地省级教育行政部门提出书面申诉。省级教育行政部门在接到书面申诉之日起30个工作日内，对申诉人的问题给予处理并答复。从处分决定或者复查决定送交之日起，学生在申诉期内未提出申诉的，学校或者省级教育行政部门不再受理其提出的申诉。

最后，学生享有针对学校的惩戒处分决定提起行政诉讼的权利。学生通过上述途径后仍然对学校的惩戒处分决定存在异议的，可以向法院提起诉讼，维护自己的受教育权利。

# 第二节　高校如何惩戒课程考试作弊行为

## 一、案例简介

北京某大学徐某在大二下学期时，一直在努力准备英语六级的考试。为了学习单词，徐某准备了一本便携的单词本，方便随时拿出来翻阅。但在英语六级正式考试的时候，出于习惯，徐某忘记将装在衣服口袋里的单词本取出来。而徐某在上洗手间时，拿出了装在口袋里的单词本，监考老师发现后，随即要求徐某停止继续考试。其后，经过学校学生管理部门认定，徐某的行为符合考场作弊的构成要件，予以退学的处分决定。但是学校的退学通知和学籍变动通知均未及时下发、通知到徐某。徐某仍旧如往常般在学校正常学习生活，参加其他活动等。在大三上学期的学籍注册时，辅导员通知徐某已无本校学籍，已被退学。徐某一查发现自己被退学的处分。徐某认为学校在这个过程中，严重损害了自己的权益。一是此次事件并不应该以退学为处分，二是退学的处分没有及时通知自己，学校也没给自己解释申辩的机会。于是，徐某提起了诉讼。

## 二、合法性分析

本案例是因课程考试作弊行为而引起的高校惩戒纠纷，其法律焦点主要在于：（1）徐某的课程考试作弊行为是什么性质的行为？（2）徐某的课程考试作弊行为是否值得学校作出退学和开除学籍的处理？（3）学校对徐某作出退学处分和开除学籍的处理决定在程序上是否合法？

第一，徐某的课程考试作弊行为属于学生违纪行为。

课程考试是大学生专业学识和技能掌握熟练程度的一种考核或评价途径。在校生应当按照学校规定，认真掌握个人的专业学识和技能水平，不断增长见识和增强适用社会工作和生活的能力，最终被培育成为一名德智体美劳全面发展的合格大学生。《高等教育法》第53条规定："高等学校的学生应当遵守法律、法规，遵守学生行为规范和学校的各项管理制度……"徐某参加课程考试的行为涉及其自身科学文化知识和专业技能的考核，为了确保高校能够客观公正、科学合理地掌握学生的专业学识和技能水平，学生应当配合学校开展此项工作。

徐某参加课程考试时夹带课程相关知识的作弊工具，是一种不诚信且违背考试公正公平的行为，夹带的作弊行为也不利于高校准确掌握学生个人专业知识的掌握情况，干扰了高校正常的教学和考试管理秩序。毫无疑问，徐某的行为属于学生违纪行为。

第二，学校对徐某的课程考试作弊行为，并非必须作出退学和开除学籍的处理决定。

高校惩戒学生应当做到宽严相济，惩罚只是惩戒制度的一项手段方式而绝非惩戒制度的最终目的。同时，高校的惩戒手段应当与学生违纪行为的过错程度相匹配，切勿“用大炮打小鸟”。对于两者关系，后者是基础，前者是后者的细化。对此，根据《普通高等学校学生管理规定》第 54 条：“学校给予学生处分，应当坚持教育与惩戒相结合，与学生违法、违纪行为的性质和过错的严重程度相适应。学校对学生的处分，应当做到证据充分、依据明确、定性准确、程序正当、处分适当。”因此，高校在对学生进行惩戒时应该尽量综合考量各方面的因素，使得处罚措施的力度能够与学生行为的性质和过错的严重程度相适应。学校在处分过程中，应当始终坚持程序正当性原则，充分调查事实证据，确保相关决定的作出能有明确的依据并与学生的行为程度相当。该款规定的目的旨在督促高校切勿将惩戒手段定位于威慑性和强制性管理工具，而是需要在惩戒手段与违纪行为的过错程度相匹配的基础上，落实惩戒目的，从而使高校能够真正落实育才树人的总纲，学生也能够珍惜读书机会、勤奋上进、开拓创新、报效祖国。

在该案中，徐某课程考试作弊行为属于初次违法行为，并且，学校并无任何证据证明徐某携带单词本的行为已经成功运用于考试作弊。显然，徐某的行为违纪情节轻微。而根据《普通高等学校学生管理规定》第 18 条，“学生严重违反考核纪律或者作弊的，该课程考核成绩记为无效，并应视其违纪或者作弊情节，给予相应的纪律处分。给予警告、严重警告、记过及留校察看处分的，经教育表现较好，可以对该课程给予补考或者重修机会”。因此，高校不应对徐某动辄即启用最为严厉的退学、开除学籍的处分决定。

第三，高校对徐某作出退学处理和开除学籍的处理结果在程序上属于违法决定。

开除学籍、作出退学等惩戒手段紧密关乎学生在高校能否继续就读、顺利毕业、拿到学位等重大切身利益。同时，意味着学生先前的高校学习经历和过程等一切事项无法得到国家认可。基于上述惩戒手段的严厉性，根据《普通高等学校学生管理规定》第56条，对学生作出取消入学资格、取消学籍、退学、开除学籍或者其他涉及学生重大利益的处理或者处分决定的，应当提交校长办公会或者校长授权的专门会议研究决定，并应当事先进行合法性审查。同时，根据第55条规定，在对学生作出处分或者其他不利决定之前，学校应当告知学生作出决定的事实、理由及依据，并告知学生享有陈述和申辩的权利，听取学生的陈述和申辩。处理、处分决定以及处分告知书等，应当直接送达学生本人，学生拒绝签收的，可以以留置方式送达。

在本案中，徐某一直在本校学习、生活，高校并非难以联系徐某。在此情况下，高校也并未将退学决定和学籍变动通知下发、通知给当事人徐某。因此，徐某才会一如既往地在学校正常学习、缴费、生活。显而易见，在此基础上，徐某也无任何机会对处分决定作陈述和申辩。综上所述，高校对徐某的处分决定并不适当。

## 三、预防路径

高校如何对待或处理学生课程考试作弊问题是国家高等教育面临的一大难题。我们认为，学校应当秉持教育为主、惩戒为辅的精神，对于学生考试作弊的问题，重在预防，弱化惩戒效果。

第一，利用多重途径在校园宣传课程考试作弊处分的目的、过程和结果。

尤其是对于高校大一新生而言，很多学生并未清醒地认识到考试作弊的性质和严重程度。对此，高校应当在新生入学时深度宣传考试作弊的危害和性质。例如，通过广播、短信推送、班会教育、宣传手册等方式在校园内将严厉杜绝和预防考试作弊行为的精神推而广之，从而在学生心目中形成一种防微杜渐的最大化预防的效果。根据《教育部办公厅关于采取切实有效措施，坚决刹住高等学校考试作弊歪风的紧急通知》(教电〔2003〕504号)的规定，学校应当通过各种有效途径，培养学生树立尊重考试纪律的意识，使学生充分了解考试作弊的严重后果。

第二，利用正式承诺书的诚信确认手段培育学生的诚信意识。

正式承诺书的诚信确认是大学生诚信行为的号召和响应。对此，在大学新生入学以及考试周前夕，辅导员、导师可以通过班会、读书会宣传考试作弊的违纪行为性质和危害，并让学生签署诚信考试承诺书，这样不仅有利于学校强化学生的诚信意识，还可以让学生重视考试作弊的危害结果、远离考试作弊。在学生签署诚信考试承诺书后，如果学校发现学生考试作弊行为并作出惩戒处分，学生也能合理地接受与过错相当的处分结果。

第三，加强学校主管教学管理的领导干部和行政人员的法治规则意识的培育。

高校作为学生学习和生活的管理者和教育者，也是学生合法权益的最大维护者。对于学生重大权益的处分，高校主要领导干部和行政人员必须秉持审慎、严谨的规则意识，不能出于惩戒、威慑学生的目的而使得行为无任何规则和尺度，如此才能有利于高校教育管理工作的顺利展开。对此，高校可以通过开会、考试或者培训、实操等多个环节，将《高等教育法》《普通高等学校学生管理规定》等法规政策精神予以落实。

## 四、关联性法律法规政策

1.《中华人民共和国高等教育法》(中华人民共和国主席令第23号)

**第五十三条** 高等学校的学生应当遵守法律、法规，遵守学生行为规范和学校的各项管理制度，尊敬师长，刻苦学习，增强体质，树立爱国主义、集体主义和社会主义思想，努力学习马克思列宁主义、毛泽东思想、邓小平理论，具有良好的思想品德，掌握较高的科学文化知识和专业技能。

高等学校学生的合法权益，受法律保护。

2.《普通高等学校学生管理规定》(中华人民共和国教育部令第41号)

**第十八条** 学校应当健全学生学业成绩和学籍档案管理制度，真实、完整地记载、出具学生学业成绩，对通过补考、重修获得的成绩，应当予以标注。

学生严重违反考核纪律或者作弊的，该课程考核成绩记为无效，并应视其违纪或者作弊情节，给予相应的纪律处分。给予警告、严重警告、记过及留校察看处分的，经教育表现较好，可以对该课程给予补考或者重修机会。

……

**第三十二条** 学生在学校规定学习年限内，修完教育教学计划规定内容，成绩合格，达到学校毕业要求的，学校应当准予毕业，并在学生离校前发给毕业证书。

符合学位授予条件的，学位授予单位应当颁发学位证书。

学生提前完成教育教学计划规定内容，获得毕业所要求的学分，可以申请提前毕业。学生提前毕业的条件，由学校规定。

**第三十七条**　对违反国家招生规定取得入学资格或者学籍的，学校应当取消其学籍，不得发给学历证书、学位证书；已发的学历证书、学位证书，学校应当依法予以撤销。对以作弊、剽窃、抄袭等学术不端行为或者其他不正当手段获得学历证书、学位证书的，学校应当依法予以撤销。

被撤销的学历证书、学位证书已注册的，学校应当予以注销并报教育行政部门宣布无效。

**第五十二条**　学生有下列情形之一，学校可以给予开除学籍处分：

……

（四）代替他人或者让他人代替自己参加考试、组织作弊、使用通讯设备或其他器材作弊、向他人出售考试试题或答案牟取利益，以及其他严重作弊或扰乱考试秩序行为的；

……

**第五十四条**　学校给予学生处分，应当坚持教育与惩戒相结合，与学生违法、违纪行为的性质和过错的严重程度相适应。学校对学生的处分，应当做到证据充分、依据明确、定性准确、程序正当、处分适当。

**第五十五条**　在对学生作出处分或者其他不利决定之前，学校应当告知学生作出决定的事实、理由及依据，并告知学生享有陈述和申辩的权利，听取学生的陈述和申辩。

处理、处分决定以及处分告知书等，应当直接送达学生本人，学生拒绝签收的，可以以留置方式送达；已离校的，可以采取邮寄方式送达；难于联系的，可以利用学校网站、新闻媒体等以公告方式送达。

**第五十六条** 对学生作出取消入学资格、取消学籍、退学、开除学籍或者其他涉及学生重大利益的处理或者处分决定的，应当提交校长办公会或者校长授权的专门会议研究决定，并应当事先进行合法性审查。

## 五、给辅导员的建议

首先，辅导员在特殊考试节点前期要做好考试复习提醒及诚信教育。为了避免学生在考试周慌乱之中“剑走偏锋”，可以在考试之前一段时间适时对学生进行考试提醒，要求学生提前做好复习工作，留有充足的备考时间，为即将来临的考试做好准备，避免有学生因为复习不及时而产生违规作弊的行为。

其次，辅导员可以针对一部分由于不会或不善于制订复习计划的同学，与他们交流一些复习的方法和技巧以及记忆的规律，帮助他们制订复习计划和考试日历。也可以与学生签订诚信考试承诺书，让班干部带头建立复习小组，营造复习氛围。诚信教育不仅要针对考试，在平时的教育活动中也要融入诚信教育，通过主题班会、社会实践以及素质拓展等活动，与学生开展互动，将诚信的种子播撒在学生的心中。

最后，针对一些平时考勤率比较低，经常迟到早退甚至旷课的学生给予更多的关注，可以与他们进行适当的谈心谈话，了解其在学习上的困难，疏导厌学情绪，帮助解决实际困难。

# 第三节　高校应如何惩戒学生的论文造假、抄袭行为

## 一、案例简介

向某是上海A大学的博士研究生，毕业后在某研究院工作。在一次与同事交流过程中，向某谈及了博士毕业论文的内容，两人相谈甚欢，一度视彼此为知己。该同事后来机缘巧合看到了一篇论文，和向某所说的观点竟然大都相似。一开始同事认为该篇论文有抄袭剽窃向某的博士毕业论文之嫌，但查阅发现，该篇论文远早于向某博士毕业之前发表。在几次试探后，向某同事渐渐确定是向某在完成毕业论文时剽窃了他人学术成果。经过一番思考，向某同事决定举报向某这一学术不端行为。向某就读博士的A大学在收到举报后，随即展开了调查。经核查，向某博士毕业论文确系大量抄袭、剽窃他人学术成果。A大学根据学校关于学位管理的规定，决定撤销向某的博士学位并注销学位证书。向某得知该决定后，表示不服，遂向法院起诉A大学，请求A大学撤销该决定。

## 二、合法性分析

本案例是基于学生在论文中存在造假行为所引发的争议，其法律焦点主要在于：(1) 向某的行为是否符合学术不端的构成要件？(2) 校方制定的关于惩戒学术不端行为的内部规章是否符合法律法规的要求？(3) 学校针对向某的学术不端行为能否予以撤销学位并注销学位证书的惩戒处分措施？

第一，向某行为完全符合学术不端行为中论文造假的构成要件，学校应当依据相关规章制度予以相应的惩戒处分。

根据教育部发布的《高等学校预防与处理学术不端行为办法》的相关规定，学术不端行为是指高等学校及其教学科研人员、管理人员和学生在科学研究及相关活动中发生的违反公认的学术准则、违背学术诚信的行为。具体而言，学术不端的具体情形主要包括但不限于伪造科研数据资料、编造虚假研究成果、剽窃抄袭他人学术成果、篡改他人研究成果或者捏造事实等行为。除了上述列举的具体情形之外，各高校还可以切实依据学术诚信的基本原则针对适用于具体情形的校园规章准则，详细规制高校学生的学术不端行为。

在本案例中，向某的博士毕业论文类型属于学术研究的范畴，符合学术不端行为的基本构成要件。在此应该合理区分两类不同的论文造假行为，即日常教学中的课程论文造假和科学研究中的论文造假。假如学生在教学计划范围内的课程考试出现论文造假的情形，由于科学研究并不包括日常教学，则不能够将该行为认定为学术不端行为。本案例中向某的论文造假则属于科学研究中的学术不端行为，应当予以相应惩戒处罚，绝不可助长这股急功近利、藐视学术诚信、浮躁浮夸的风气。

第二，高校应当依法制定符合学校实际情形的规章制度，做到合理及时地惩戒规制学术不端行为。

向某不仅对高校的惩戒决定不满，还对该决定作出的具体规范依据的正当性提出质疑。这就牵涉到另一个问题：高校本身是否享有制定各种学术不端行为的规章制度的权利？

根据《高等学校预防与处理学术不端行为办法》的规定，高校针对校园学术不端行为制定相应的规章制度应当遵循合法的程序流程。具体而言，各高校惩戒管理部门可以具体结合学校实际情况及自身特点，并由学校学术委员会和教职工代表大会协商制定针对学术不端行为的具体规则及处理办法并明确不同行为类型的处分标准。根据《普通高等学校学生管理规定》的规定，学校应当建立健全针对各类学术不端行为的一套内容清晰的区别明确的惩戒处分制度，例如，针对学生所做的造成严重后果的不端学术行为，校方可以给予相应的纪律处分；针对学生轻微违反诚实信用原则的情形，则可以适当限制其已获得的学术荣誉等相关成就。

第三，该校作出撤销向某学位并注销学位证书的惩戒处分决定，事实清晰，适用法律正确，适用程序正当。

本案例中，向某在博士毕业论文中剽窃他人学术成果，情节严重，影响恶劣，学校根据《教育法》和《学位条例》的相关规定决定，撤销向某博士学位并注销学位证书并无不当之处。根据教育部发布的《学位论文作假行为处理办法》的规定，学校可以给予学位论文造假的在读学生开除学籍的处分；针对已经取得学位毕业离校的学生，学校依然能够撤销其学位并注销学位证书。根据《高等学校预防与处理学术不端行为办法》，学术不端行为与获得学位有直接关联的，由学位授予单位作暂缓授予学位、不授予学位或者依法撤销学位等处理。根据《高等学校预防与处理学术不端行为办法》，学生有学术不端行为的，还应当按照学生管理的相关规定，给予相应的学籍处分。根据《普通高等学校学生管理规定》，学生如果学位论文存在抄袭、篡改、伪造等情节较为严重的学术不端行为，学校可以给予开除学籍处分。因此，学校作出撤销向某博士学位并注销学位证书的决定既符合情理，也符合法律规定。

## 三、预防路径

严肃处理高校内发生的各种学术不端行为，对于维护科学严谨的学术氛围、诚实守信的学术底线具有重要意义。同样的，对于高校内发生的学术不端行为的惩戒同样应严格遵照法定程序，在法定范围内实施相应的惩处手段。

第一，高校应当制定严格完备的学术规章规范制度。

对于学术不端行为，高校应当通过完善内部学术制度规范进行必要的制约，明确规定学术不端行为的种类、鉴别方法及相应的惩戒措施，让学生意识到何为学术不端行为，进而不敢、不愿实施学术不端行为。但要注意，高校对学术不端行为的惩戒手段与惩处力度均不能违背现有法律之规定，应当在法律规定范围内依据本校实际制定相应的惩戒标准、惩处措施，保证惩戒决定的作出有法可依、有章可循。

第二，对学术不端行为的处理，应当坚持教育为主、惩罚为辅，教育与惩戒相结合的方式进行。

惩戒只是手段，最重要的还是预防。高校应当通过多种形式，向学生宣传学术不端行为的危害以及可能引发的严重后果，充分运用校园网站、微信公众号、微博、讲座、班会等媒介或形式，广泛开展学术诚信宣传，提升学生的学术诚信意识。

第三，建立相应的学术不端行为检测数据库。

高校应当充分利用大数据资源建立文献数据资料库，开展论文查重检测，防止出现“误判”等情况，一旦发现有学术不端行为的师生，允许其申请再次检测，并将详细的检测结果发送给师生，令其知晓其论文为何涉嫌学术不端。

## 四、关联性法律法规政策

1.《中华人民共和国教育法》(中华人民共和国主席令第80号)

**第二十九条**　学校及其他教育机构行使下列权利：

……

（四）对受教育者进行学籍管理，实施奖励或者处分；

……

2.《中华人民共和国学位条例》(中华人民共和国主席令第27号)

**第十七条**　学校授予单位对于已经授予的学位，如发现有舞弊作伪等严重违反本条例规定的情况，经学位评定委员会复议，可以撤销。

3.《普通高等学校学生管理规定》(中华人民共和国教育部令第41号)

**第二十条**　学校应当开展学生诚信教育，以适当方式记录学生学业、学术、品行等方面的诚信信息，建立对失信行为的约束和惩戒机制；对有严重失信行为的，可以规定给予相应的纪律处分，对违背学术诚信的，可以对其获得学位及学术称号、荣誉等作出限制。

**第五十二条** 学生有下列情形之一，学校可以给予开除学籍处分：

……

（五）学位论文、公开发表的研究成果存在抄袭、篡改、伪造等学术不端行为，情节严重的，或者代写论文、买卖论文的；

……

4.《学位论文作假行为处理办法》（中华人民共和国教育部令第 34 号）

**第七条** 学位申请人员的学位论文出现购买、由他人代写、剽窃或者伪造数据等作假情形的，学位授予单位可以取消其学位申请资格；已经获得学位的，学位授予单位可以依法撤销其学位，并注销学位证书。取消学位申请资格或者撤销学位的处理决定应当向社会公布。从做出处理决定之日起至少 3 年内，各学位授予单位不得再申请其学位申请。

前款规定的学位申请人员为在读学生的，其所在学校或者学位授予单位可以给予开除学籍处分；为在职人员的，学位授予单位除给予纪律处分外，还应当通报其所在单位。

5.《高等学校预防与处理学术不端行为办法》（中华人民共和国教育部令第 40 号）

**第二条** 本办法所称学术不端行为是指高等学校及其教学科研人员、管理人员和学生，在科学研究及相关活动中发生的违反公认的学术准则、违背学术诚信的行为。

**第三条** 高等学校预防与处理学术不端行为应坚持预防为主、教育与惩戒结合的原则。

**第五条** 高等学校是学术不端行为预防与处理的主体。高等学校应当建设集教育、预防、监督、惩治于一体的学术诚信体系，建立由主要负责人领导的学风建设工作机制，明确职责分工；依据本办法完善本校学术不端行为预防与处理的规则与程序。

高等学校应当充分发挥学术委员会在学风建设方面的作用，支持和保障学术委员会依法履行职责，调查、认定学术不端行为。

**第七条**　高等学校应当将学术规范和学术诚信教育，作为教师培训和学生教育的必要内容，以多种形式开展教育、培训。

教师对其指导的学生应当进行学术规范、学术诚信教育和指导，对学生公开发表论文、研究和撰写学位论文是否符合学术规范、学术诚信要求，进行必要的检查与审核。

**第八条**　高等学校应当利用信息技术等手段，建立对学术成果、学位论文所涉及内容的知识产权查询制度，健全学术规范监督机制。

**第十条**　高等学校应当遵循学术研究规律，建立科学的学术水平考核评价标准、办法。引导教学科研人员和学生潜心研究，形成具有创新性、独创性的研究成果。

**第二十七条**　经调查，确认被举报人在科学研究及相关活动中有下列行为之一的，应当认定为构成学术不端行为：

（一）剽窃、抄袭、侵占他人学术成果；

（二）篡改他人研究成果；

（三）伪造科研数据、资料、文献、注释，或者捏造事实、编造虚假研究成果；

（四）未参加研究或创作而在研究成果、学术论文上署名，未经他人许可而不当使用他人署名，虚构合作者共同署名，或者多人共同完成研究而在成果中未注明他人工作、贡献；

（五）在申报课题、成果、奖励和职务评审评定、申请学位等过程中提供虚假学术信息；

（六）买卖论文、由他人代写或者为他人代写论文；

（七）其他根据高等学校或者有关学术组织、相关科研管理机构制定的规则，属于学术不端的行为。

**第二十八条** 有学术不端行为且有下列情形之一的，应当认定为情节严重：

（一）造成恶劣影响的；

（二）存在利益输送或者利益交换的；

（三）对举报人进行打击报复的；

（四）有组织实施学术不端行为的；

（五）多次实施学术不端行为的；

（六）其他造成严重后果或者恶劣影响的。

**第二十九条** 高等学校应当根据学术委员会的认定结论和处理建议，结合行为性质和情节轻重，依职权和规定程序对学术不端行为责任人作出如下处理：

（一）通报批评；

（二）终止或者撤销相关的科研项目，并在一定期限内取消申请资格；

（三）撤销学术奖励或者荣誉称号；

（四）辞退或解聘；

（五）法律、法规及规章规定的其他处理措施。

同时，可以依照有关规定，给予警告、记过、降低岗位等级或者撤职、开除等处分。

学术不端行为责任人获得有关部门、机构设立的科研项目、学术奖励或者荣誉称号等利益的，学校应当同时向有关主管部门提出处理建议。

学生有学术不端行为的，还应当按照学生管理的相关规定，给予相应的学籍处分。

学术不端行为与获得学位有直接关联的，由学位授予单位作暂缓授予学位、不授予学位或者依法撤销学位等处理。

**第三十八条**　高等学校对本校发生的学术不端行为，未能及时查处并做出公正结论，造成恶劣影响的，主管部门应当追究相关领导的责任，并进行通报。

高等学校为获得相关利益，有组织实施学术不端行为的，主管部门调查确认后，应当撤销高等学校由此获得的相关权利、项目以及其他利益，并追究学校主负责人、直接负责人的责任。

## 五、给辅导员的建议

首先，辅导员要从道德的高度，提升学生对学术诚信的认知。可以通过开展主题班会、征文写作、辩论赛和宣讲会，观看教育性影片，举办道德专题系列教育报告会，组织学生研究学习校园失信案例等方式，加强科研学术诚信建设。

其次，辅导员要对学生进行思想引领，强化学术诚信意识。可以通过在“学术诚信月”开展如“我与诚信的距离”等主题班会，帮助学生认识到学术诚信对国家富强、社会稳定以及个人发展的重要性，警惕避免学术失信所带来的严重危害，引导学生树立牢固的学术诚信意识，做踏实、严谨、守信的学生。

再次，辅导员要对学生加强专业指导，增强学生的学术能力。部分学生产生学术不端的行为可能是因为自身学术能力不足，因此可以通过学术讲座、学术沙龙等形式，请专家、教授来校进行指导，增强学生自身的学术能力。

最后，树立典型示范，深化诚信精神。在教师和学生中挖掘学术诚信的榜样，开展学术诚信心得交流会，激励其他学生向榜样学习，营造浓厚的学术诚信氛围。

# 第四节　纪律处分能否作为高校准予毕业和授予学位的禁止性条件

## 一、案例简介

某大学学生小高（化名）在期末考试过程中，不小心把平时复习用的小纸条带在了身上，考试之前忘记交到物品存放处，在考试时小高并没有偷看小纸条，但是小纸条在考试时掉出，被监考老师发现。监考老师并未直接看到小高利用纸条作弊，但还是依据考场纪律，停止了小高的当堂考试。某大学依据学校考试纪律规定，对小高作出了退学的处理。学校在下达退学处理决定的过程中，有一些环节出了问题，退学处理通知并没有交到小高手里，学校也没有给小高办理退学手续。小高以为此事就此翻过，也未曾提出异议，仍然按时缴纳学杂费，而且以本校生的身份在学校参加学习，并以本校生的身份参加了各项考试，成绩全部合格。但是毕业时，某大学以小高已被退学为由拒绝为其颁发毕业证和学位证。收到消息的小高情绪崩溃，说自己没办法跟父母交代。

## 二、合法性分析

本案例是学生因受到惩戒而影响学位授予及毕业证发放的情形，其法律焦点主要在于：（1）该大学拒绝为小高颁发毕业证和授予学位证的决定是否具备法律依据？（2）如何界定小高作弊行为的性质？

第一，高校应当在既有的法律法规的框架之下作出有关准许毕业和授予学位的禁止性条件的具体规定。

根据《高等教育法》的规定，高校学生毕业的基本要求包括学生在校期间思想品德合格、在规定的修业年限内学完规定的课程，成绩合格或者修满相应的学分。《学位条例》则从宏观角度规定了高校学生毕业所需达到相应学术水平条件。根据《普通高等学校学生管理规定》，学生在学校规定学习年限内，修完教育教学计划规定内容，成绩合格，达到学校毕业要求的，学校应准予毕业，并在学生离校前发给毕业证书。符合学位授予条件的，学位授予单位应当颁发学位证书。《学位条例暂行实施办法》明确了“学位授予单位可根据本暂行实施办法，制定本单位授予学位的工作细则”。

在校园的毕业管理工作过程中，各高校一般都会确认准予毕业和授予学位的禁止性条件，包括学生是否存在败坏思想道德建设的违法违规违纪行为。具体到本案例的事实认定上，小高虽然在主观上没有携带纸条的故意，但其事实上仍然携带了与考试内容相关的纸条，不能说完全没有违反纪律。但是，监考老师只看到了小纸条掉落却并未看到小高明确实施了作弊行为，该校据此对小高作出退学的处分显然不合理，也不符合法律的规定。诚然，各高校可以根据自身情形针对学生违反考场纪律的行为进行处理，但是遵循类似上位法优于下位法的原则，高校所作的纪律处分的惩罚力度不得超过上位法律法规的范围以及适当幅度。根据教育部发布的《普通高等学校学生管理规定》，当学生在考试过程中存在作弊的情形，应当予以纪律处分，但并未明确规定纪律处分的方式。同时，该规定针对高校学生的具体情形作出了详细的列举，其中并无高校应当开除考场作弊学生的规定。通过上文的论述，不难得出针对学生予以退学处理属于性质较为严重、后果难以挽回的一项惩戒措施，基于其对于学生受教育权的侵犯程度较大，高校不应当超越上级规定的范围随意添加相关的退学情形。总体而言，该校的考场纪律规定扩大了考试作弊的认定范围，同时该校针对小高行为所作出的惩戒力度明显超出《普通高等学校学生管理规定》的合理范围和幅度，所以该规范性文件应当归为无效。

第二，高校在对学生作出惩戒决定的过程中，应当严守程序公正，尊重学生基本权利，合理合法地实施惩戒权。

一般来说，高校在作出惩戒决定时，既要严格遵守法定程序，又要切实尊重被惩戒学生的合法权利，否则应当承担相应的不利后果。本案例中，该大学在认定小高构成“考试作弊”后，没有把退学通知明确交予小高，也没有撤销小高的学籍，并在每学期按时给其注册学籍，从而让小高能够继续以该校学生的身份进行学习，这显然不符合法定程序之要求，没有履行法定的惩戒前置程序，告知小高对其作出惩戒的原因、依据、结果以及相应的复议手段，显然违背了现有法律法规关于作出惩戒的有关程序规定。该校所作的退学处罚严重侵犯了被惩戒者小高本身的受教育权利。从遵循程序正当的角度出发，处分决定部门应当及时将该处理决定直接向被惩戒者小高宣布、送达，并耐心听取小高本人的陈述意见。而该校忽视当事人的申辩权利、侵犯当事人的合法权利的惩戒行为违背了程序正当性的基本原则，属于违法性质的管理行为。

## 三、预防路径

高校学生学籍管理的关键一环就是如何准予毕业和授予学位，可以说这与学生的权益息息相关，在实践中有关准予毕业以及授予学位的争议纠纷频发。高校学生管理教育必须面临的问题是如何避免在准予学生毕业和授予学位过程中出现争议。

第一，填补相关领域的立法空白，为高校学籍管理提供相关的规范基础。

国家应当完善学历学位的相关立法，为高校依法治理校园、依法开展学位授予活动提供必要的法律依据。同时，在立法时应当预留出一定范围，允许高校对学位授予的禁止性条件作出不与现行法律相悖的内部规定，并对学位授予、准予毕业的禁止性条件作出详细规定，特别是在惩戒决定作出程序、作出方式、被惩戒学生的权利救济等方面，都要在立法中着重体现，防止学生的受教育权利受到侵害。

第二，高校应当履行法律法规授予的相应学籍管理权力，针对每一个高校学生都能够作出公正合理的学业评价。

高校应当依据法定程序行使学业评价、颁发学业证书和学位证书等权力，在现行法律法规之规定范围内实施相应的学位授予及学生毕业等工作。假如学生存在相关违规违纪行为，应当在既有的法律框架之下对其进行合理的评价，切实尊重学生的受教育权利，即使作出的惩戒决定完全合法，也要严格依照法定程序向被惩戒学生及时送达有关决定，并以书面形式告知其有权申请复议的期限、申请方式、受理机关及其他权利救济渠道，消除学生的顾虑和疑惑。

## 四、关联性法律法规政策

1.《中华人民共和国教育法》（中华人民共和国主席令第 80 号）

**第二十二条**　国家实行学业证书制度。

经国家批准设立或者认可的学校及其他教育机构按照国家有关规定，颁发学历证书或者其他学业证书。

**第二十三条**　国家实行学位制度。

学位授予单位依法对达到一定学术水平或者专业技术水平的人员授予相应的学位，颁发学位证书。

2.《中华人民共和国高等教育法》（中华人民共和国主席令第 23 号）

**第五十八条**　高等学校的学生思想品德合格，在规定的修业年限内学完规定的课程，成绩合格或者修满相应的学分，准予毕业。

3.《中华人民共和国学位条例》（中华人民共和国主席令第 27 号）

**第二条**　凡是拥护中国共产党的领导、拥护社会主义制度，具有一定学术水平的公民，都可以按照本条例的规定申请相应的学位。

**第四条**　高等学校本科毕业生，成绩优良，达到下述学术水平者，授予学士学位：

（一）较好地掌握本门学科的基础理论，专门知识和基本技能；

（二）具有从事科学研究工作或担负专门技术工作的初步能力。

**第五条** 高等学校和科学研究机构的研究生，或具有研究生毕业同等学力的人员，通过硕士学位的课程考试和论文答辩，成绩合格，达到下述学水平者，授予硕士学位：

（一）在本门学科上掌握坚实的基础理论和系统的专门知识；

（二）具有从事科学研究工作或独立担负专门技术工作的能力。

**第六条** 高等学校和科学研究机构的研究生，或具有研究生毕业同等学力的人员，通过博士学位的课程考试和论文答辩，成绩合格，达到下述学术水平者，授予博士学位：

（一）在本门学科上掌握坚实宽广的基础理论和系统深入的专门知识；

（二）具有独立从事科学研究工作的能力；

（三）在科学或专门技术上做出创造性的成果。

4.《中华人民共和国学位条例暂行实施办法》(国发〔1981〕89号)

**第二十五条** 学位授予单位可根据本暂行实施办法，制定本单位授予学位的工作细则。

5.《普通高等学校学生管理规定》(中华人民共和国教育部令第41号)

**第三十二条** 学生在学校规定学习年限内，修完教育教学计划规定内容，成绩合格，达到学校毕业要求的，学校应当准予毕业，并在学生离校前发给毕业证书。

符合学位授予条件的，学位授予单位应当颁发学位证书。

学生提前完成教育教学计划规定内容，获得毕业所要求的学分，可以申请提前毕业。学生提前毕业的条件，由学校规定。

**第五十七条** 除开除学籍处分以外，给予学生处分一般应当设置6到12个月期限，到期按学校规定程序予以解除。解除处分后，学生获得表彰、奖励及其他权益，不再受原处分的影响。

**第五十八条**　对学生的奖励、处理、处分及解除处分材料，学校应当真实完整地归入学校文书档案和本人档案。

……

## 五、给辅导员的建议

首先，通过谈话对学生进行心理疏导，安抚学生的情绪，让其冷静下来，避免冲动之下做出危险的事情。通过谈话让学生深刻认识到自己违反考场纪律这一问题的严重性，不仅影响到个人的诚信问题，也会给周围其他同学带来不良的示范效应。

其次，告知学生申诉的途径，帮助其维护自身合法权益。

再次，及时向上级领导汇报相关情况，包括学生入校以来在学习、生活、心理、人际交往等各方面的情况。此外，还要同学生家长联系，及时告知家长学生目前的情况，避免信息不畅造成的误会，同时还要叮嘱家长不要责骂学生，加重学生的心理负担。让室友紧密关注该生的情绪变化和行为动态，一旦发生异常立即向辅导员汇报，也尽量帮助其转移注意力，避免钻牛角尖。

最后，辅导员要及时开展考试诚信教育，避免此类事情再次发生。

# 第四章 高校学生突发事件应对与处理

# 第一节 高校学生突发事件应对与处理法治化概述

## 一、概念

突发事件属于一个社会性范畴的概念，根据《突发事件应对法》的规定，突发事件是指突然发生，造成或者可能造成严重社会危害，需要采取应急处置措施予以应对的自然灾害、事故灾难、公共卫生事件和社会安全事件。由此可以推知，高校学生突发事件就是以学生为主体，出于各种原因发生于高校学生日常活动中的事件。从实践来看，可以将高校突发事件划分为公共卫生类突发事件、社会政治类突发事件、校园治安或安全隐患类突发事件以及校园舆论等其他学校管理类突发事件。这些事件具有不确定性、突发性、诱因多样性、结果破坏性等鲜明的特点，一旦发生将会使正常的教学、生活等高校管理秩序或师生切身利益和人身财产安全受到威胁或者破坏，甚至会引起社会的广泛关注和热议。

## 二、法律规范

在我国当前的规范体系之中，尚缺乏一部专门针对高校学生突发事件应急管理工作的相关法律文件。虽然2007年8月发布的《突发事件应对法》，将突发事件的应对管理工作纳入法律体系，对不同的突发事件规定了不同的预防办法、处理程序和责任认定方式，使高校对突发事件的处理工作有章可循、有法可依，但该法在处理高校学生突发事件的过程中针对性不够，在具体的应对过程中依然只能依赖于从现有的法律法规中寻求规范依据。

下面以高校公共卫生类突发事件为例进行详细分析。一直以来，国家各部门都对高校食品安全这一问题予以高度重视。1990年6月4日，国家教育委员会、卫生部联合发布《学校卫生工作条例》，对学校卫生工作的要求、管理和监督作出详细规定。2019年2月20日，教育部、国家市场监督管理总局、国家卫生健康委员会联合发布了《学校食品安全与营养健康管理规定》，在管理体制、学校职责、食堂管理、外购食品管理、食品安全事故调查与应急处置、责任追究等方面作出了细化规定。当然，《食品安全法》等相关法律法规仍是最主要的处理依据。

在处理社会政治类突发事件以及校园治安或安全隐患类突发事件的过程中，《民法典》《学生伤害事故处理办法》等相关法律法规可以适用作为主要的处理依据。例如，当发生校车安全事故时，《民法典》侵权责任编就较为全面地规定了不同主体的责任方式。在处理校园舆论类突发事件时，《民法典》《刑法》等可以作为主要的处理依据。《民法典》人格权编、《刑法》中编造传播类犯罪的相关法律条文可以予以适用。此外，《学生伤害事故处理办法》在学校是否承担相应责任以及事故的责任主体究竟为谁等方面作出了较为原则性的规定，也可以作为处理高校学生突发事件的依据。

## 三、研究意义

当前，针对高校学生应对突发事件的法治化研究具有深刻的意义。从社会现状来看，随着我国社会政治、经济的飞速发展，教育体制改革的不断深入，高等学校经过大规模的扩招，目前在校学生的数量高速增长，日新月异的社会变化在推动高校发展的同时，也给高校的稳定办学带来了新的问题与风险。如今，各高校内不时会有各类突发事件，突发事件的类型以及危害程度也在不断地向多样化、复杂化演变。校园突发事件可能会损害学生及其家庭的人身、财产安全，还有可能会引起校内人员的恐慌，使高校的正常教学秩序、管理秩序和生活秩序变得混乱，学校的形象和声誉也因此大打折扣，更为严重的是，还可能影响社会良性运转，造成社会极大恐慌。然而，我国目前没有专门针对高校学生突发事件应急管理工作的相关法律规范，可参考的法律文件也较为分散，不利于高校依法进行应急管理工作，导致在处理突发事件时往往会出现权利义务不清、法律责任不明、行政性强而法治性弱的现象。

高校的主要任务是培育新时代人才，及时有效地管理和处置各类威胁学生人身财产安全的突发危机，保护高校大学生健康成长成才。对高校学生突发事件进行法治化管理，运用法治意识和危机管理理念，提出合法有效的高校学生突发事件的应对策略，可以有效提高高校学生突发事件的应急管理效率和应急处置能力，保障突发事件能够及时得到解决，确保师生的生命财产安全，将损失降到最低，也可以为创造一个和谐、稳定、平安的高校校园环境提供有力支持，防止或者减缓高校学生突发事件转为社会事件。

此外，加强和改进高校的思想政治教育工作，必须对高校学生突发事件进行法治化管理。和谐稳定的校园环境是开展思想政治教育的重要保障，尤其是在突发事件的激化下高校中的潜在矛盾更加凸显。而生搬硬套常规的处理模式，诸如以处分为主的模式已经无法完全应对新时代下的高校学生突发事件。在高校学生突发事件法治化管理中运用到思想政治教育手段，通过沟通疏导，控制事态、稳定大局，可以促进事件主体的双向沟通，减少相互推卸责任的现象，实现高校学生突发事件的依法管理。因此，建立健全一套完善可行的高校学生突发事件应对体系，能够确保校园和谐的思想政治教育环境，为思想政治教育研究提供全新的视域。思想政治教育工作的创新发展，一方面为高校学生突发事件法治化管理提供了强有力的精神保障，另一方面为突发事件发生后的管理善后工作奠定了一定的思想基础，对于促进高校稳定健康发展、构建和谐校园的意义深远。

## 第二节 高校如何处理学生突发疾病事件

### 一、案例简介

小林（化名）是M市某高校的大一学生，乐观外向，积极参加各项活动。在大一下学期，学校开展了夏季运动会，一向喜欢跑步的小林报名参加了长跑。比赛当天，天气异常闷热，小林在跑到一半时，便出现呼吸困难的情况，但小林并未停止比赛。在比赛接近尾声的时候，小林加速冲刺，在冲到终点线之后向前猛地摔倒在地，倒地之后便昏迷不醒。在场的同学急忙将其送到医院，但小林最终因抢救无效而离世。经法医鉴定，小林的直接死亡原因是动脉供血不足导致心肌缺血，进而引发猝死。后经调查发现，小林在入学之初的体检时，便查出患有先天性心脏病，但学校并未通知小林及其父母。事后，小林父母向法院提起诉讼，认为学校明知小林患有先天性疾病，却未告知小林及父母，在小林参加活动的时候也未曾告知，学校应为小林出现这次事故承担责任。学校事后成立了专门小组，积极配合相关部门调查处理。小林父母还每天到学校门口围堵校领导，聚众闹事，已经影响到学校的正常教学秩序。

## 二、合法性分析

本案例的法律焦点主要在于：（1）对于学生小林的死亡结果，学校是否应当承担法律责任？（2）小林父母的行为是否合法？

第一，学校对于本案例当事人小林的死亡结果存在过错，应当承担相应的法律责任。

本案例从表面上看，学生小林的死亡结果是出于其自身存在特异体质的原因。小林自愿参加长跑运动，而长跑运动本身具有较高的风险属性，依据《民法典》的规定，小林的行为应当属于自甘风险的行为，对于死亡的不利结果应当由小林本人承担，学校对其死亡结果不应当承担任何的法律责任。

但仔细分析不难得出，学校在本次事件发生过程中也并非毫无过错。根据《学生伤害事故处理办法》的规定，认定学校是否应当承担责任的主要依据是学校相关管理部门在主观状态方面对于学生的特殊性是否具备认识可能性。具体而言，假如学校在明知或者应当知道学生存在特异体质或者特定生理疾病，不宜参加某种教育教学活动，但仍未制止学生从事某些危险性运动或其他行为，最终造成学生受伤等严重后果的，学校应当承担相应的法律责任；反之，假如学校不知道或者不可能知道并积极履行了自身责任的，则不用承担法律责任。同时，在校期间学生应当就自身的特殊体质负有告知义务，假如未向学校作出任何告知，则学校也可以不负法律责任。通过对本案例进行梳理，实际情况为：学生小林对于其个体存在的特异体质并不知情，对于其自身的身体状况能否参加剧烈的体育竞赛活动无法作出正确科学的判断；学校对于小林的特殊体质是知晓的，但是学校在知情后并没有对小林采取必要的预防和救治措施，没有及时告知小林的父母，在运动会报名和比赛过程中也没有对小林进行提醒或者阻止；小林的父母对于小林存在先天性心脏病这一特殊体质也不知情。因此，对于小林在运动比赛中突发疾病死亡的结果，小林及其父母不应承担主要责任；学校对于小林的死亡结果存在过错，应当承担相应的法律责任。根据《民法典》《学生伤害事故处理办法》的相关规定，学校应当根据责任的大小，对小林的父母予以经济赔偿。

第二，学校事后成立专门小组，积极配合调查处理、化解纠纷，是正确且合法的。

疾病突发事关学生的身体健康和生命安全。当疾病发生时，学校应当及时告知学生家长，并积极采取救治措施；还应当主动成立专门小组，查清事情真相，获取学生家长的配合，作出合法合规的处理。如果不及时采取积极措施进行妥当处置，做好善后工作，将很容易使矛盾激化，不仅会使学校的安全与稳定秩序受到影响，还会使学校陷入舆论的旋涡，进而影响到学校的形象和声誉。

第三，对于小林父母的行为，学校应当联系学校所在地的公安机关，并配合公安机关妥善处理；假如小林父母造成了实际损害，可以要求其赔偿相关财产利益损失。

本案中，小林的父母在学校门口围堵校领导等“校闹”行为是学生突发疾病事件后引发的次生问题。虽然“孩子身上无小事”，但家长不能通过“校闹”等形式给学校等教育部门施加压力或者借机发泄自己的不满情绪。此类行为有可能会侵犯其他学生的合法权益、扰乱了学校的正常教育秩序。对此行为，学校可以向公安机关报告，请求依法作出处理，如果造成了损失，可以依法要求小林的父母赔偿。

## 三、预防路径

在高校日常管理活动中，高校学生在参加学校组织的文体活动中突发疾病是较为典型的突发事件。

第一，学校应当完善对其组织的文体活动的管理、防范和处理制度，做到全程监督，保障学生的安全。

在文体活动开展之前，学校应当积极做好组织筹备工作，认真做好预案，提高应急处置能力。首先，对高校学生、辅导员以及相关教师等群体进行全面的安全教育，帮助各类群体树立安全意识。其次，对活动场地、活动设施等安全问题进行严格把控，防患于未然。最后，对参赛运动员或者其他活动参与者的健康问题进行询问或者调查，必要时可以进行检查，对于不符合健康条件的同学，不准予参加。

在文体活动的实施过程中，也要提醒学生，以加强其安全意识，消除安全隐患。当发生突发事件时，学校必须坚持生命至上的原则，第一时间采取必要措施对突发疾病的学生进行救治，将伤病程度降到最低。全方位整合多重资源，通盘考虑多方利益，对该突发事件作出妥善处理，避免矛盾的激化。

第二，加强对学生的健康保障管理工作。

高校应当完善学校内部管理制度，加强对学生的健康管理，提前做好必要的安全预案，完善体检结果跟踪、定期排查、复查等相应的体检制度；发现学生存在健康问题时，应当第一时间与学生家长取得联系，并进行沟通交流，促进家校联合，并积极配合家长和医院做好对相关学生的提醒和救治工作，保障学生的身体健康。此外，学校还应当完善学校责任保险和大学生意外伤害保险机制。

## 四、关联性法律法规政策

1.《中华人民共和国民法典》(中华人民共和国主席令第45号)

**第一千一百七十六条** 自愿参加具有一定风险的文体活动，因其他参加者的行为受到损害的，受害人不得请求其他参加者承担侵权责任；但是，其他参加者对损害的发生有故意或者重大过失的除外。

活动组织者的责任适用本法第一千一百九十八条至第一千二百零一条的规定。

2.《普通高等学校学生管理规定》(中华人民共和国教育部令第41号)

**第六条** 学生在校期间依法享有下列权利：

……

(二)参加社会实践、志愿服务、勤工助学、文娱体育及科技文化创新等活动，获得就业创业指导和服务；

……

**第四十五条** 学校提倡并支持学生及学生团体开展有益于身心健康、成长成才的学术、科技、艺术、文娱、体育等活动。

……

3.《学生伤害事故处理办法》(中华人民共和国教育部令第30号)

**第五条** 学校应当对在校学生进行必要的安全教育和自护自救教育；应当按照规定，建立健全安全制度，采取相应的管理措施，预防和消除教育教学环境中存在的安全隐患；当发生伤害事故时，应当及时采取措施救助受伤害学生。

学校对学生进行安全教育、管理和保护，应当针对学生年龄、认知能力和法律行为能力的不同，采用相应的内容和预防措施。

**第九条**　因下列情形之一造成的学生伤害事故，学校应当依法承担相应的责任：

……

（四）学校组织学生参加教育教学活动或者校外活动，未对学生进行相应的安全教育，并未在可预见的范围内采取必要的安全措施的；

（五）学校知道教师或者其他工作人员患有不适宜担任教育教学工作的疾病，但未采取必要措施的；

……

（七）学生有特异体质或者特定疾病，不宜参加某种教育教学活动，学校知道或者应当知道，但未予以必要的注意的；

（八）学生在校期间突发疾病或者受到伤害，学校发现，但未根据实际情况及时采取相应措施，导致不良后果加重的；

……

**第十条**　学生或者未成年学生监护人由于过错，有下列情形之一，造成学生伤害事故，应当依法承担相应的责任：

……

（二）学生行为具有危险性，学校、教师已经告诫、纠正，但学生不听劝阻、拒不改正的；

（三）学生或者其监护人知道学生有特异体质，或者患有特定疾病，但未告知学校的；

（四）未成年学生的身体状况、行为、情绪等有异常情况，监护人知道或者已被学校告知，但未履行相应监护职责的。

……

**第十一条** 学校安排学生参加活动，因提供场地、设备、交通工具、食品及其他消费与服务的经营者，或者学校以外的活动组织者的过错造成的学生伤害事故，有过错的当事人应当依法承担相应的责任。

**第十二条** 因下列情形之一造成的学生伤害事故，学校已履行了相应职责，行为并无不当的，无法律责任：

……

（三）学生有特异体质、特定疾病或者异常心理状态，学校不知道或者难于知道的；

……

（五）在对抗性或者具有风险性的体育竞赛活动中发生意外伤害的；

（六）其他意外因素造成的。

## 五、给辅导员的建议

首先，在得知学生因意外昏迷送医后，辅导员应立刻赶往医院，同时向学校分管领导汇报具体情况，及时与学生家长取得联系。学生突发意外，送医救治无效，属于意外事故。辅导员应保持沉着、冷静，并了解学生具体意外情况，掌握真实可靠的信息，联系事发当时在场的其他人员，了解事发经过。在清楚事发经过和具体意外的情况后，告知家长学生突发意外的真实情况，安抚家长的情绪，同时对家长所采取的态度做好心理准备。

其次，及时向学校分管领导汇报学生意外的情况，配合学校领导的后续工作，继续安抚家长的情绪。若家长情绪过激，属于正常情感范围，辅导员应该理解，不要言语刺激家长。若有家长在校门口拉横幅、组织人员围堵领导的情况，辅导员应协助学校的工作，并与家长沟通，劝说家长停止该行为。

再次，做好舆论引导工作及心理辅导。辅导员在事发后要及时给该生所在班级召开班会，说明事发的具体情况，并安抚事发当时在场的学生及同班学生，以免引发心理问题。同时告知大家不要网络造谣恶意传播此事，避免不实舆论发酵传播，造成恶劣影响。

最后，积极做好善后工作处理。配合家长及学校处理意外学生的相关手续事宜，给予家长最大的帮助，做好善后工作。

# 第三节　高校如何应对校园舆论突发事件

## 一、案例简介

小君（化名）和小右（化名）都是N市某高校某学院的在校大学生，两人在军训时认识，又因为是老乡，两人的关系迅速亲密起来。2018年6月，两人因为一些事情产生了矛盾，两人的关系产生了嫌隙。10月，小右在私底下向其他同学说小君私生活不检点。此言在同学之间迅速传播，大家对此议论纷纷，甚至学院一些老师在课堂上也提及了此事。一天，学院辅导员将小君叫到办公室询问此事。小君羞愧地表示，这是自己的隐私不便告知。但由于同学们在背后对此事议论纷纷，小君的心理压力不断变大。

11月1日上午10时，小君向室友说自己出校走走。小君出校后，沿着学校外面的滨河路向前走，在通过电话向其朋友倾诉内心痛苦之后，小君扔掉手机跳入了河中。路过行人发现后，跳入河中救起了小君，随即将其送往医院。经抢救之后，小君虽保住了性命，但由于跳河时头部撞击到石头，导致其颈椎骨折、下半身瘫痪，经鉴定为一级伤残。为此，小君父母向N市某区人民法院提起诉讼，要求小右及学校支付各种医疗费及精神抚慰金共计50万元，并要求小右向小君公开道歉。

## 二、合法性分析

本案例的法律焦点主要在于：（1）对于造成小君残疾的损害结果，小右应当承担何种责任？（2）学校在此次事件中是否应当承担法律责任？

第一，对于造成小君残疾的损害结果，小右应当承担民事赔偿责任。假如其所造成的后果极其严重，就要承担相应的刑事责任。

《民法典》明确规定个人隐私是各民事主体平等享有的一项权益。个人隐私指的是公民个人生活中尚未公开且无关社会公共利益以及公序良俗的秘密。隐私权保障每个主体的私人生活安宁和不愿为他人知晓的私密空间、信息以及活动不被其他人侵扰。一般来说，与性相关联的个人生活信息是隐私权的重要组成部分。侵害隐私权的表现形式为行为人未经权利人同意故意侵扰或披露他人隐私。本案中，如果小君确有小右所指称的事实，此时小右未经权利人小君的同意，传播小君的私密信息，侵犯了小君的隐私权。对于小君因跳河导致瘫痪的严重损害结果，小右应当承担停止侵害、消除影响、赔偿损失等主要的民事侵权责任。

另外，在民法中，名誉是名誉权的客体；在刑法中，名誉是侮辱罪和诽谤罪的客体。两者的区别在于，行为构成民法意义上的侵犯名誉权和构成刑法意义上的诽谤罪的社会危害性不同，主要根据应受刑罚处罚的严重程度来判断和区分，如对自然人名誉的侵犯只有达到刑法规范中所确定的法定程度才能构成诽谤罪，尚未满足这一程度要求的行为只能构成民事侵权行为。合法的表达以充分尊重他人、尊重事实为前提和基础。在本案中，如果小右指责小君生活不检点的情况不实，则小右的行为属于捏造事实的行为，其在学校公开场合进行传播是对小君名誉权的侵犯。另外，小右主观上有贬损小君名誉的故意，客观上造成了学校不特定多人知晓、引发社会对于小君名誉评价降低的损害结果，同时造成小君跳河身受重伤的严重后果，小右的行为可能构成《刑法》第246条规定的诽谤罪。对于造成小君残疾的损害结果，应当由小右予以赔偿。

第二，对于造成小君残疾的损害结果，学校存在一定过错，应当承担相应的法律责任。

学生在学校期间，学校负有教育和管理学生的职责。如果学生在校期间受到的侵害，与学校的失职、管理不到位等过错存在因果关系，那么学校应当承担相应的法律责任。如果侵害结果是由第三人造成的，则由第三人承担侵权责任，学校并未积极履行相应职责的，应当在其自身的过错范围内承担相应的补充责任。

在本案例中，学校存在严重的过错。首先，在小右私底下传播小君生活不检点，学校老师有耳闻，但是没有及时调查事实真相，也没有阻止该事件在同学之间进一步传播，造成不良影响扩大。其次，学院辅导员在办公室询问小君的处理办法不当，对小君的心理造成了二次伤害。最后，学校老师不作为，未调查了解事实真相，也未阻止在校学生继续传播这一未经调查核实的舆论，导致小君跳河的悲剧发生。因此，对于造成小君残疾的损害结果，学校存在管理失职的过错，应当与小右共同承担赔偿责任。

## 三、预防路径

校园舆论对学生的影响是极大的，在高校这个半开放的环境下，校园舆论事件极易发生，因此高校应当予以高度重视，将应对校园舆情作为一项常态化工作。

第一，高校应当重视校园文明建设，强化学生的法治意识和道德意识。

高校应当加强校园文明建设，加强对学生的教育，提升学生的政治责任感和认知水平，帮助他们提升理性认知和逻辑思维能力，强化自觉遵守法律的意识，不侮辱诽谤他人，鼓励学生建立形成善意有益、相互包容、相互体谅、和谐友爱的人际关系；应当教会学生自尊、自爱，提升学生自我保护的能力；还应当加强对相关案件的宣传，对学生进行警示教育，细化校园安全管理规范，从源头上避免此类事件的发生。

第二，高校应当建立完善的责任追究机制。

高校应当遵循惩戒性与教育性并重的原则，建立完善的责任追究机制。对于行为不当、屡教不改或者情节恶劣的校园舆论事件中的组织者、领导者和积极参加者，应当严肃处理。除对涉事学生进行相关的批评教育工作外，还应当根据其行为性质和危害程度给予严重警告、记过、留校察看、勒令退学、开除学籍等处罚决定，并考虑将其表现作为学生综合素质考察的一部分，将其计入评价档案。对于性质特别恶劣的学生，在必要的情况下可以送入专门学校进行教育。

第三，高校应当建立健全舆情应对管理制度。

对于校园舆论突发事件，高校应当秉持“早预防、早发现、早应对、早处置”的基本原则。首先，“不发生远远好于一切及时的事后治理”，高校应当建立校园突发公共事件舆情处置预案，健全快速反应机制。其次，高校应当加强部门协同合作，密切关注学生的实时动态，重视对校园舆情的监测、跟踪和研判，建立信息汇报渠道，及时发现潜在的舆情危机。最后，高校应当及时处理已经发生的舆情突发事件。高校应当实事求是、依法依规操作，做好相关学生的情绪安抚工作和善后工作，及时对长期浸入负面舆情的学生进行疏通和引导。同时，增强部门间的联动，积极把控局面，正确引导舆情走向，及时妥善处置舆情反映的问题，回应舆论关切，防止舆情扩散升级或者发生“次生”舆情，确保校园的安全与稳定。

## 四、关联性法律法规政策

1.《中华人民共和国宪法》(全国人民代表大会公告第1号)

**第三十五条** 中华人民共和国公民有言论、出版、集会、结社、游行、示威的自由。

2.《中华人民共和国民法典》(中华人民共和国主席令第45号)

**第一百七十九条** 承担民事责任的方式主要有：

（一）停止侵害；

（二）排除妨碍；

（三）消除危险；

（四）返还财产；

（五）恢复原状；

（六）修理、重作、更换；

（七）继续履行；

（八）赔偿损失；

（九）支付违约金；

（十）消除影响、恢复名誉；

（十一）赔礼道歉。

法律规定惩罚性赔偿的，依照其规定。

本条规定的承担民事责任的方式，可以单独适用，也可以合并适用。

**第九百九十条**　人格权是民事主体享有的生命权、身体权、健康权、姓名权、名称权、肖像权、名誉权、荣誉权、隐私权等权利。

除前款规定的人格权外，自然人享有基于人身自由、人格尊严产生的其他人格权益。

**第九百九十五条**　人格权受到侵害的，受害人有权依照本法和其他法律的规定请求行为人承担民事责任。受害人的停止侵害、排除妨碍、消除危险、消除影响、恢复名誉、赔礼道歉请求权，不适用诉讼时效的规定。

**第一千零二十四条**　民事主体享有名誉权。任何组织或者个人不得以侮辱、诽谤等方式侵害他人的名誉权。

名誉是对民事主体的品德、声望、才能、信用等的社会评价。

**第一千一百六十五条**　行为人因过错侵害他人民事权益造成损害的，应当承担侵权责任。

依照法律规定推定行为人有过错，其不能证明自己没有过错的，应当承担侵权责任。

**第一千一百八十三条**　侵害自然人人身权益造成严重精神损害的，被侵权人有权请求精神损害赔偿。

因故意或者重大过失侵害自然人具有人身意义的特定物造成严重精神损害的，被侵权人有权请求精神损害赔偿。

3.《中华人民共和国刑法》（中华人民共和国主席令第66号）

**第二百四十六条**　以暴力或者其他方法公然侮辱他人或者捏造事实诽谤他人，情节严重的，处三年以下有期徒刑、拘役、管制或者剥夺政治权利。

前款罪，告诉的才处理，但是严重危害社会秩序和国家利益的除外。

通过信息网络实施第一款规定的行为，被害人向人民法院告诉，但提供证据确有困难的，人民法院可以要求公安机关提供协助。

4.《高等学校学生行为准则》(教学〔2005〕5号)

六、明礼修身，团结友爱。弘扬传统美德，遵守社会公德，男女交往文明；关心集体，爱护公物，热心公益；尊敬师长，友爱同学，团结合作；仪表整洁，待人礼貌；豁达宽容，积极向上。

## 五、给辅导员的建议

首先，辅导员在知晓事情后，应及时赶往医院探望学生的病情和伤势，知悉受伤学生的病情和身体状况，同时应当及时向学校领导汇报此事，并通知家长学生情况。

其次，询问相关知情人、班干部、同班同学等，全方位了解事发原因、经过，掌握事件真实信息，并及时向学校领导汇报后续情况，便于学校的后续处理工作。

再次，应当积极走访家长并安抚家长的情绪。学生受伤对于任何一个家庭来说都是一个重大打击，辅导员应做好自身心理建设，稳住自己的心态，并安抚和疏导家长的情绪，给予家长相应的帮助与服务，最大限度缓解家长的不良情绪。另外，召开班会，及时做好学生舆论引导和事件澄清工作，对学生进行相应的法律知识普及和教育。配合公安机关后续赔偿和处罚工作。

最后，做好学生的善后处置工作。结合学生的实际身体情况以及学校和家长的建议，办理休学、停学、退学等手续。

# 第四节　高校如何处理学生乘坐校园观光车突发事故

## 一、案例简介

C 市某高校出于学校地形原因，为满足学生上课下课等出行需求，与周某经营的观光车签订了协议，周某向学校支付营运管理费，学校允许周某在校内开通观光车业务。观光车使学生在校内的出行非常快捷便利。2017 年 3 月，小文（化名）上车后坐在观光车右侧的座位，由于着急上课担心迟到，忘记放下座位右侧的扶手，也未系上安全带。司机钱某并未提醒小文这些注意事项，便直接开车了。在经过一个陡坡时，由于车速过快，车身猛地颠簸，小文被甩出车外，摔倒在地，造成重伤。小文的父母得知此事后，便从家里来到学校，认为观光车负责人、司机以及学校都应该对此负责，理应赔偿。

## 二、合法性分析

本案例的法律焦点主要在于:（1）校园观光车侵权事故应当如何定性?（2）校园观光车侵权事故发生后，周某、钱某以及 C 市某高校应当如何承担法律责任？

第一，校园观光车侵权事故应当定性为一般民事侵权，而非机动车交通事故。

一般来说，校园观光车属于校园内的服务车辆，只在校园内运营通行，乘坐对象主要为校内师生，具有很强的封闭性和专属性。根据《道路交通安全法》的规定，法律意义上的道路是指公路、城市道路和虽在单位管辖范围但允许社会机动车通行的地方，包括广场、公共停车场等用于公众通行的场所。根据《特种设备安全法》的规定，特种设备是指对人身和财产安全有较大危险性的锅炉、压力容器（含气瓶）、压力管道、电梯、起重机械、客运索道、大型游乐设施、场（厂）内专用机动车辆，以及法律、行政法规规定适用本法的其他特种设备。

大多数高校并不允许外部车辆通行，所以校内通行的道路并非《道路交通安全法》所指称的“道路”，校园观光车也并非在公共道路上行驶的一般机动车辆，而是特定场所内专用的机动车辆，属于特种设备的范畴。因此，校园内的道路应当由学校保卫部门统一进行管理，校园观光车作为在校内专用的机动车辆，在校内发生的侵权事故不属于机动车交通事故，不应适用《道路交通安全法》的相关规定，而应适用《特种设备安全法》的规定。同时，根据《道路交通安全法》第 77 条的规定，“车辆在道路以外通行时发生的事故，公安机关交通管理部门接到报案的，参照本法有关规定办理”。因此，本案可以依照《民法典》《特种设备安全法》以及参照《道路交通安全法》的规定进行处理。

第二，校园观光车侵权事故发生后，实际运营人周某应当承担侵权责任，校车司机钱某对此次事故的发生具有故意或者重大过失，周某在承担责任后有权向钱某追偿，C 市某高校根据与周某签订的校车安全管理责任书承担其安全管理责任。

根据《校车安全管理条例》第9条，学校可以配备校车。依法设立的道路旅客运输经营企业、城市公共交通企业，以及根据县级以上地方人民政府规定设立的校车运营单位，可以提供校车服务。《校车安全管理条例》第11条规定，由校车服务提供者提供校车服务的，学校应当与校车服务提供者签订校车安全管理责任书，明确各自的安全管理责任，落实校车安全管理措施。本案例中，校园观光车由周某实际经营运行，学校定期向其收取一定的营运管理费。因此，在校园观光车侵权事故发生后，可以根据实际运营人周某与C市某高校签订的校车安全管理责任书等外包协议确定责任主体。

根据《民法典》第1191条，用人单位的工作人员因执行工作任务造成他人损害的，由用人单位承担侵权责任。用人单位承担侵权责任后，可以向有故意或者重大过失的工作人员追偿。因此，如果司机钱某对本次校车事故的发生存在故意或重大过失，实际运营人周某在承担责任后，有权向校车司机钱某追偿；否则，实际运营人周某无权向其追偿。在本案例中，司机钱某明知校车运行时需要放下扶手、系好安全带，但并未提醒小文，放任其不规范坐车，致小文受伤，具有一定过错。因此，周某在承担责任后，有权向钱某追偿。

## 三、预防路径

为了使校园观光车更加便利学生，防止学生因乘坐校园观光车而突发意外事故，提升高校应对突发事件的能力和水平，维护校园和谐、安全的环境，可以采取以下措施积极预防和应对：

第一，高校应当加强对校园交通的管理，完善校园交通安全设施。

一方面，高校应当加强校园交通管理，全面整合多重资源，科学规划校园交通布局，优化行驶路线，对校内机动车、非机动车和行人进行科学界分管理；同时，通盘考虑多方利益，制定切实可行的校园交通安全管理办法，严格规范校园车辆的管理，规范乘车秩序，落实主体责任。另一方面，高校应当完善校园交通安全设施，可以设置标示牌进行警示或者在座位显著位置张贴乘车告示；还可以设置减速带或者通报屏幕对机动车和非机动车进行控速。

第二，高校应当加强对校园内师生的法治教育，普及《民法典》《道路交通安全法》等法律和规章制度，增强师生的安全保障意识。

高校应当加强对校园内师生的安全教育，帮助师生了解正确搭乘校车的安全知识，使之意识到校园校车事故的危害性；全方位、多手段宣传提醒安全乘车，提升全体学生的乘车安全意识，对不符合乘车规范的学生进行劝导。

第三，高校应当提高校园观光车运营的规范性。

高校应当提高校园观光车的规范性，增强安全意识，保证平安运行，保障学生安全乘坐校车。首先，加强对校内交通车辆运营人员的管理和职业技能培训。合理配置驾驶人员，坚决贯彻持证上岗这一硬性要求；规范驾驶行为，建立多维度的考核制度，严厉查处超载、超速等违章驾驶行为；定期进行安全培训学习，要求各学院辅导员定期组织安全知识宣传以及应急事故处理模拟，培养运营人员的责任心以及遭遇事故时的处置能力。其次，定期对校园观光车进行检查维护、隐患排查。最后，制定专项应急预案，提高预防风险和消除风险等应对突发事件的能力。在处理校园观光车突发事件时，应当优先保障乘车人的生命权益，努力安抚家属与车上其余乘客的情绪。

## 四、关联性法律法规政策

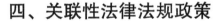

1.《中华人民共和国民法典》(中华人民共和国主席令第45号)

**第一千一百六十五条**　行为人因过错侵害他人民事权益造成损害的，应当承担侵权责任。

依照法律规定推定行为人有过错，其不能证明自己没有过错的，应当承担侵权责任。

**第一千一百六十六条**　行为人造成他人民事权益损害，不论行为人有无过错，法律规定应当承担侵权责任的，依照其规定。

**第一千一百七十九条**　侵害他人造成人身损害的，应当赔偿医疗费、护理费、交通费、营养费、住院伙食补助费等为治疗和康复支出的合理费用，以及因误工减少的收入。造成残疾的，还应当赔偿辅助器具费和残疾赔偿金；造成死亡的，还应当赔偿丧葬费和死亡赔偿金。

**第一千一百九十一条**　用人单位的工作人员因执行工作任务造成他人损害的，由用人单位承担侵权责任。用人单位承担侵权责任后，可以向有故意或者重大过失的工作人员追偿。

劳务派遣期间，被派遣的工作人员因执行工作任务造成他人损害的，由接受劳务派遣的用工单位承担侵权责任；劳务派遣单位有过错的，承担相应的责任。

**第一千二百零八条**　机动车发生交通事故造成损害的，依照道路交通安全法律和本法的有关规定承担赔偿责任。

**第一千二百一十三条**　机动车发生交通事故造成损害，属于该机动车一方责任的，先由承保机动车强制保险的保险人在强制保险责任限额范围内予以赔偿；不足部分，由承保机动车商业保险的保险人按照保险合同的约定予以赔偿；仍然不足或者没有投保机动车商业保险的，由侵权人赔偿。

2.《中华人民共和国道路交通安全法》(中华人民共和国主席令第81号)

**第四十九条** 机动车载人不得超过核定的人数，客运机动车不得违反规定载货。

**第五十一条** 机动车行驶时，驾驶人、乘坐人员应当按规定使用安全带，摩托车驾驶人及乘坐人员应当按规定戴安全头盔。

**第七十七条** 车辆在道路以外通行时发生的事故，公安机关交通管理部门接到报案的，参照本法有关规定办理。

**第一百一十九条** 本法中下列用语的含义：

(一)“道路”，是指公路、城市道路和虽在单位管辖范围但允许社会机动车通行的地方，包括广场、公共停车场等用于公众通行的场所。

(二)“车辆”，是指机动车和非机动车。

(三)“机动车”，是指以动力装置驱动或者牵引，上道路行驶的供人员乘用或者用于运送物品以及进行工程专项作业的轮式车辆。

(四)“非机动车”，是指以人力或者畜力驱动，上道路行驶的交通工具，以及虽有动力装置驱动但设计最高时速、空车质量、外形尺寸符合有关国家标准的残疾人机动轮椅车、电动自行车等交通工具。

(五)“交通事故”，是指车辆在道路上因过错或者意外造成的人身伤亡或者财产损失的事件。

3.《企业事业单位内部治安保卫条例》(中华人民共和国国务院令第421号)

**第八条** 单位制定的内部治安保卫制度应当包括下列内容：

……

（四）单位内部的消防、交通安全管理制度；

……

单位制定的内部治安保卫制度不得与法律、法规、规章的规定相抵触。

4.《中华人民共和国特种设备安全法》（中华人民共和国主席令第4号）

**第二条**　……本法所称特种设备，是指对人身和财产安全有较大危险性的锅炉、压力容器（含气瓶）、压力管道、电梯、起重机械、客运索道、大型游乐设施、场（厂）内专用机动车辆，以及法律、行政法规规定适用本法的其他特种设备。

……

**第九十七条**　违反本法规定，造成人身、财产损害的，依法承担民事责任。

违反本法规定，应当承担民事赔偿责任和缴纳罚款、罚金，其财产不足以同时支付时，先承担民事赔偿责任。

**第九十八条**　违反本法规定，构成违反治安管理行为的，依法给予治安管理处罚；构成犯罪的，依法追究刑事责任。

5.《校车安全管理条例》（中华人民共和国国务院令第617号）

**第九条**　学校可以配备校车。依法设立的道路旅客运输经营企业、城市公共交通企业，以及根据县级以上地方人民政府规定设立的校车运营单位，可以提供校车服务。

县级以上地方人民政府根据本地区实际情况，可以制定管理办法，组织依法取得道路旅客运输经营许可的个体经营者提供校车服务。

**第十条** 配备校车的学校和校车服务提供者应当建立健全校车安全管理制度，配备安全管理人员，加强校车的安全维护，定期对校车驾驶人进行安全教育，组织校车驾驶人学习道路交通安全法律法规以及安全防范、应急处置和应急救援知识，保障学生乘坐校车安全。

**第十一条** 由校车服务提供者提供校车服务的，学校应当与校车服务提供者签订校车安全管理责任书，明确各自的安全管理责任，落实校车运行安全管理措施。

……

**第三十四条** 校车载人不得超过核定的人数，不得以任何理由超员。

学校和校车服务提供者不得要求校车驾驶人超员、超速驾驶校车。

## 五、给辅导员的建议

首先，辅导员在知晓事件后，应当尽快看望受伤学生，知悉受伤学生的具体情况并安抚受伤学生的情绪，同时立刻向学院领导汇报学生情况，联系学生家长告知情况。

其次，了解事情具体经过以及相关详情，清楚事情原委后，及时向学院分管领导汇报事情发生经过。

再次，学生向法院起诉后，辅导员要尽量换位思考，让学生和家长感受到事后学校真诚的态度，尽可能地为他们提供帮助，帮助他们正确、理性地维护自己的合法正当利益，并取得相应的赔偿。另外，借此突发事件，召开班级安全教育大会，向学生讲解校车安全乘坐知识，以及不规范乘坐校车带来的不良后果，提高学生的安全防范意识，警惕再次发生类似的乘车安全事故。

最后，给予受伤学生足够的关怀和问候，定期问候受伤学生的家长，关心学生的伤情和心理状态，尽可能帮助学生调整心态，协调和维系好学生、家长与学校之间的关系。学生因伤无法立刻返回学校，应帮助学生办理相应的请假、休学等手续。

# 第五章 高校学生心理健康教育

## 第一节 高校学生心理健康教育法治化概述

### 一、概念

在高校学生教育工作的各项环节，高校学生心理健康教育法治化对于学生的学业成绩、校园生活乃至未来的择业、就业都具有不可替代的重要作用。根据《教育部关于加强普通高等学校大学生心理健康教育工作的意见》，各高校在发展与培养学生的文化素质、专业素质、思想道德素质以及身体素质的同时，也应当注重对于高校学生心理素质的培养与呵护。

拥有良好的心理素质，首先必须保持心理健康。从医学的角度看，心理健康指的是主体拥有一种持续稳定积极向上的良性心理状态，不存在相关的疾病或者孱弱的状态。从心理学的角度看，心理健康要求主体能够通过意志、情绪、行动以及情感等多个方面促进个人心智达到完满状态。[1]只有维持这样的心理状态才能更好地适应身边的环境与事物，展现生命的创造力。根据《国家卫生计生委、中宣部、中央综治办等关于加强心理健康服务的指导意见》的规定，心理健康指的是一种能够合乎情理地进行认

[1] 程婧，段鑫星．心理健康服务法治化：定位、现状与理路［J］．思想理论教育，2018（9）：91-96.

知判断、保持自身情绪的平和和稳定、理性支配自身的行为举止、保证自身人际关系的良好心理状态。因此，不难得出判断高校学生心理健康依赖多方面的衡量指标，往往需要结合认知因素、人格属性、自我评价以及人际关系等因素综合确定。

## 二、法律规范

大学生心理状态的健康发展是大学生素质教育的前提与基石。在高校教育的新趋势下促进与增强高校学生的心理健康教育，培养大学生的心理素质，切实贯彻落实高校学生心理教育方针，保障高校学生心理健康成长，是为社会主义建设提供高质量人才队伍的基本要求，是实现我国“人才强国”的主要路径，同时有助于高校思想政治教育任务的实现，促进我国高校教育改革发展。

当前，各高校开展学生心理健康教育的主要依据是《教育法》《高等教育法》《精神卫生法》等相关法律的规定，此外还有诸多法律文件予以支持。

自20世纪90年代始，高校学生的心理健康问题逐渐引起全社会的重视。

在1994年颁布的《中共中央关于进一步加强和改进学校德育工作的若干意见》中，首次提出了学校要开展“心理健康教育”。1995年11月23日，在国家教育委员会颁布的《中国普通高等学校德育大纲》中明确了“自觉地遵纪守法，具有良好的道德品质和健康的心理素质”是高等学校的德育目标之一。

随着时代的进步与发展，国家教育部门更加认识到大学生心理健康教育对于整体高校学生教育管理的重要性，并制定了相关的规范制度体系。

根据《教育部关于加强普通高等学校大学生心理健康教育工作的意见》《中共中央、教育部关于进一步加强和改进大学生思想政治教育的意见》《教育部、卫生部、共青团中央关于进一步加强和改进大学生心理健康教育的意见》等，针对我国高校教育存在的一些大学生心理素质较低的问题，要求各高校相关部门积极结合高校学生实际校园生活状态，广泛走访学生宿舍、关心存在心理问题的同学。同时，要求各地教育工作部门和高校根据学生的身心发展特点和教育规律，帮助学生形成过硬的心理素质以及自律自尊、自爱自强的独立意识，帮助学生克服在校园中遇到的种种困难，培养学生的抗压能力和解决挫折的能力。各高校为保证学生的心理健康教育能够得到系统性、整体性的提升，需要构建起一套组织健全、权责明确的心理健康服务机制。

具体而言，各高校应当积极创建针对高校学生心理健康的特殊服务部门并确保相关专业领域的人才储备，鼓励高校学生自愿参加心理健康培训，进行相关的心理服务咨询，引导高校学生的心理健康茁壮成长。根据《普通高等学校学生心理健康教育工作基本建设标准（试行）》《普通高等学校学生心理健康教育课程教学基本要求》，各高校的心理健康教育部门的规模、师资建设以及教学内容等应当符合国家所规定的具体标准。根据我国首个与心理健康服务相关的宏观指导性文件——《国家卫生计生委、中宣部、中央综治办等关于加强心理健康服务的指导意见》，各高校应当明确心理健康服务的重要意义，建立健全高校心理健康服务体系。

心理健康问题往往与精神卫生息息相关。2012 年，《精神卫生法》颁布实施，该法从法律的高度，为高校学生心理健康教育提供了法律依据，弥补了有关高校学生心理教育的制度空缺。此后，国家陆续出台的相关细化规定大都是进一步贯彻落实《精神卫生法》的重要举措，推动了精神卫生事业的全面发展。为保障学生的身心健康，该法第16条明确规定，各级各类学校应当对学生进行精神卫生知识教育。该法还对心理咨询师的业务素质、职业要求以及违规的法律后果作出了细致的规定。

开展高校学生心理健康教育也是高校辅导员的主要工作职责之一。根据《高等学校辅导员职业能力标准（暂行）》，辅导员级别评价的考核标准不仅包括思想政治教育、日常事务管理、党团和班级建设以及学业指导等职业功能的综合考量，也包括心理健康教育与咨询工作等的考评。根据《普通高等学校辅导员队伍建设规定》，辅导员应当协助学校心理健康教育机构开展心理健康教育，对学生心理问题进行初步排查和疏导，组织开展心理健康知识普及宣传活动，培育学生理性平和、乐观向上的健康心态。

除此之外，当前高校频发学生因心理问题出现自伤、自杀、攻击伤害他人等严重破坏性行为的事件，在特定的情形之下应当适用《民法典》《刑法》《学生伤害事故处理办法》。

综上所述，这一系列的法律、规章以及规范性文件，都明确了高校开展心理健康教育的相关内容以及标准、制度体系建设等，在体现法律规范的完备性的同时，也充分反映了我国对于高校学生心理健康问题的重视态度。

## 三、研究意义

当前，我国经济体制尚处于改革的深水期，伴随着我国经济建设的发展与改革，社会整体运行节奏明显提升，社会就业压力不断攀升，这无疑间接导致各高校学生学业压力不断增加并进一步引发学生的严重心理疾病问题，在学界以及社会各界引发了持续的热议。高校学生的心理健康问题是高校日常管理活动中非常突出且常见的问题。从新闻媒体的报道来看，高校大学生因心理健康问题发生的自伤、伤人等恶性事件屡见不鲜，对于高校的稳定和谐环境造成了一定的冲击，甚至极有可能发展为影响国家安全稳定和社会公共利益的危险因素。

影响高校学生心理健康问题的因素有很多，主要包括家庭、学业、个人情感以及就业等。就学业而言，高等教育更加强调学生学习的自主性，一些大学生习惯了“填鸭式”的授课学习方式，抗压能力较弱，一时间很难接受并处理好学习方式的变化给自己造成的影响，容易产生心理问题。当面对心理压力时，各高校也都设置有心理咨询中心，但大学生往往选择以自我调节为中心，很少向身边的朋友进行倾诉，有的可能会表现出焦虑、情绪低落或者暴力倾向等反社会情绪。

从社会实践的反映来看，当前我国心理健康服务还面临诸多问题，最大的症结是当前各高校缺乏相应的学生心理辅助系统，国家立法层面缺少明确的政策法规，社会力量层面缺乏疏导学生心理的志愿平台。当前，有关高校学生心理服务以及管理能力体系构建还远远不能满足社会的迫切需求，各心理服务队伍缺乏心理学领域的专业性的人才引入等，人民群众的需求以及日益增长的精神文明的构建亟须更加专业全面的心理服务体系。尤其在高校的日常管理活动中，对学生因心理健康问题所产生的一系列问题的应对处置方案不够完善，诸如学生权利的保障问题以及校方责任等问题仍存在含糊不清、相互拉扯的现象。

合格的大学生需要具备健康的心理素质。各高校相关部门应当积极贯彻落实中央提出的高校教育纲要，提高学生心理健康的教育水平，确保学生能够在校园中健康成长，培养造就新一代高素质创新人才，这就要求必须加强和改进高校学生心理健康教育。同时，加强和改进高校学生心理素质也是全面贯彻党的教育方针、建设人才强国的重要途径，是进一步确保高等教育教学质量、保障以及促进高校学生教育的基本内容。因此，落实高校学生心理健康教育法治化，培养大学生健康的心理状态，是时代赋予的使命和要求。在法治轨道上，加强对大学生心理健康教育的管理，推进高校学生心理健康教育工作的法治化进程，能够确保大学生良好品格的养成与发展，促进大学生心理素质、文化素质、道德素质以及身体素质的可持续性发展进步，切实提高高校德育工作的针对性、实效性和主动性，保障学校管理工作的顺利开展。这对于社会主义核心价值观的传播以及保障国家经济的稳定发展起到了重要的推进作用。

# 第二节 高校如何处理学生因心理问题自杀事件

## 一、案例简介

2016年，钱某考入L市A大学，就读生物科学专业。一直以来，钱某学习都很认真，努力上进。2018年暑假，钱某与同寝室另一位室友留在学校并未回家。同寝室室友准备外出吃饭，发现钱某还在床上，便询问钱某是否需要带饭，钱某无应答，随后发现钱某已无意识。钱某室友随即联系辅导员，并拨打120将钱某送入医院。经急诊诊断，钱某已无生命体征。经法医鉴定，钱某因服用过量苯巴比妥钠致死。后侦查发现，钱某在手机备忘录中留有遗书。2018年11月，钱某的父母认为学校在处理钱某自杀事件过程中存在严重不当，向法院主张应当由学校支付死亡赔偿金、抚慰金、丧葬费等相关费用，并要求学校书面赔礼道歉。

## 二、合法性分析

本案例的法律焦点主要在于：（1）对于钱某的心理问题，A大学是否履行了相应的职责，对其所进行的干预是否适当？（2）对于钱某的死亡结果，A大学是否应当承担法律责任？（3）学校是否有义务对钱某父母进行补偿?

第一，A 大学对钱某的心理问题履行了相应的职责，对钱某的干预也是妥当且善意的。

对于 A 大学是否存在管理失职的判断，不能简单地以自杀结果来认定。钱某在大一入学时的心理调查结果确实存在异常，A 大学对此事实表示知情。A 大学在管理制度层面并没有忽视对钱某心理问题的干预，在日常的生活学习中及时关注钱某的心理健康状况和情绪状况，定期对钱某进行心理回访调查，履行了心理健康教育的相应职责。

对于钱某购买自杀药品的行为，A 大学并非毫无理会，A 大学只是了解到钱某购买了药品，没有进一步明确钱某购买药品的具体用途，因为没有确切且充分的证据证明该药品是其准备用于自杀的。而且，从钱某生前的在校表现来看，钱某的学习成绩优异，积极参加各项活动，感情状况十分稳定，各方面表现均正常，没有表现出任何严重的极端心理状态。因此，A 大学没有立即进行干预，而是决定尊重钱某的隐私，对钱某采取密切观察的措施。可见，A 大学对钱某事件的判断和所采取的措施是妥当的、符合基本认知的，也是善意的。

第二，对于钱某的死亡结果，A 大学不应当承担法律责任。

首先，根据《学生伤害事故处理办法》的规定，出现学生自杀、自伤的情形，假如学校相关部门已履行自身职责且行为并无不当，便无须承担任何法律责任。在本案中，无论是在早期发现、平时关注，还是在案发后的处理应对，A 大学均履行了其相应的职责，不应当承担法律责任。

其次，根据《学生伤害事故处理办法》的规定，在非学生上课期间，学生自行滞留学校或者自行到校发生人身损害后果的事故，学校行为并无不当的，无须承担事故责任。本案发生时，学校处于放暑假期间，要求学校在此期间承担相应的心理健康教育等管理职责，缺乏相应的法律依据。

最后，根据《民法典》第 17 条、第 18 条的相关规定，钱某在案发时系具备完全民事行为能力的成年人，能够理性认知并约束自己的行为。对于服用苯巴比妥钠这一药品的后果，钱某有清醒的认知。因此，对于钱某独立实施的自杀行为的后果，应当由钱某自行承担。

综上所述，对于钱某的死亡结果，学校已经尽了相应的注意义务，且在主观上不存在明显过失，因此不应当承担法律责任。

第三，学校对钱某父母的慰问以及给予的适当补偿，是出于人道主义精神的行为。

根据《学生伤害事故处理办法》的规定，假如学校无须承担责任，依然可以根据实际情况自愿资助学生家庭。学校对于钱某自杀身亡这一事件不存在侵权的行为，因此对于钱某父母的赔偿请求，法院不应予以支持。但学校可以出于人道主义精神和最大限度维护学生利益的目的，对钱某的父母进行精神抚慰，并给予适当补偿。

## 三、预防路径

近年来，高校学生因心理问题自伤、自杀的案件频发。因此，必须积极采取措施，解决学生的心理问题，保障大学生健康地成长、成才。

第一，高校应当加强对学生的心理健康教育和生命教育。

在高校学生群体中，部分学生内心敏感脆弱，部分学生可能在心智、环境适应能力以及应对各项事务的能力等方面发展得还不够成熟。因此，心理健康教育是预防高校学生自伤、自杀的关键。高校应当重视学生心理健康教育工作，并采取多种形式加强对学生的心理健康教育，普及心理健康知识，提高学生心理健康素质和心理健康水平。高校可以积极倡导学生参加心理健康教育讲座、心理健康拓展活动，开设心理健康相关的必修课程或者选修课程，矫正学生的错误认知及行为，增强他们的心理承受能力；还可以将心理健康教育和思想政治教育两者相结合，帮助学生学会清晰地认识自我，理性对待心理问题。同时，高校还应当加强对学生的生命教育，引导学生树立正确的生命观，帮助学生正确地认识生命的意义，尊重生命、珍爱生命。

第二，高校应当加强学生心理健康的排查和预警机制。

高校应当加强相应的普查宣传工作，采取多种形式对学生的心理健康状况进行排查，健全完善心理普查和预警机制，制定科学合理的心理危机干预方案。高校可以定期组织学生进行心理测评，运用大数据处理技术对学生的心理健康状况进行综合评估；可以在充分了解学生性格特点的基础上，采取共情的方式获得学生的信任，定时定期与学生沟通交流，及时了解学生的思想动态和心理变化；可以加强辅导员、导师以及班级同学对学生心理健康的关注，一旦发现学生存在自伤、自杀等心理问题，及时上报上级；还可以建立专门的心理健康档案，一人一档，专门管理。

第三，高校应当及时解决学生存在的自伤、自杀等心理健康问题。

首先，高校应当加强对存在自伤、自杀等心理健康问题的学生的关注，定期按时进行追踪调查，了解学生的实时心理状况。其次，高校应当积极对存在自伤、自杀等心理健康问题的学生采取监管、治疗或者其他解决措施。应当溯本求源，从实际出发，与学生进行一对一沟通，认真分析学生出现自伤、自杀心理的主要原因，根据学生实际情况，采取科学的应对措施帮助学生缓解或者摆脱这些错误心理。还应当完善与家长、医院、心理咨询中心等其他相关人员、组织、机构的互动配合机制，提升干预和应对学生自伤、自杀危机的能力，共同促进问题的解决。

第四，高校应当积极做好自伤、自杀案件的应对处置工作。

当学校知道有学生正在实施自伤、自杀等行为时，应当及时向上级领导汇报，并采取科学合理的方式予以阻止和救助。当自伤、自杀案件已经发生时，学校应当积极做好善后工作，及时抢救涉事学生，并与该学生的家长进行沟通联系，安抚学生家长的情绪；还应当及时成立专门小组，配合公安机关等部门查清案件事实，明确事故责任。此外，学校还应当密切关注舆情，做好相应的舆论引导工作。

## 四、关联性法律法规政策

1.《中华人民共和国民法典》(中华人民共和国主席令第45号)

**第十七条** 十八周岁以上的自然人为成年人。不满十八周岁的自然人为未成年人。

**第十八条** 成年人为完全民事行为能力人，可以独立实施民事法律行为。

十六周岁以上的未成年人，以自己的劳动收入为主要生活来源的，视为完全民事行为能力人。

2.《学生伤害事故处理办法》(中华人民共和国教育部令第30号)

**第八条** 发生学生伤害事故，造成学生人身损害的，学校应当按照《中华人民共和国侵权责任法》及相关法律、法规的规定，承担相应的事故责任。

**第十二条** 因下列情形之一造成的学生伤害事故，学校已履行了相应职责，行为并无不当的，无法律责任：

……

（三）学生有特异体质、特定疾病或者异常心理状态，学校不知道或者难于知道的；

（四）学生自杀、自伤的；

……

**第十三条**　下列情形下发生的造成学生人身损害后果的事故，学校行为并无不当的，不承担事故责任；事故责任应当按有关法律法规或者其他有关规定认定：

（一）在学生自行上学、放学、返校、离校途中发生的；

（二）在学生自行外出或者擅自离校期间发生的；

（三）在放学后、节假日或者假期等学校工作时间以外，学生自行滞留学校或者自行到校发生的；

（四）其他在学校管理职责范围外发生的。

**第二十六条**　学校对学生伤害事故负有责任的，根据责任大小，适当予以经济赔偿，但不承担解决户口、住房、就业等与救助受伤害学生、赔偿相应经济损失无直接关系的其他事项。

学校无责任的，如果有条件，可以根据实际情况，本着自愿和可能的原则，对受伤害学生给予适当的帮助。

3.《中华人民共和国精神卫生法》（中华人民共和国主席令第6号）

**第十六条**　各级各类学校应当对学生进行精神卫生知识教育；配备或者聘请心理健康教育教师、辅导人员，并可以设立心理健康辅导室，对学生进行心理健康教育。学前教育机构应当对幼儿开展符合其特点的心理健康教育。

发生自然灾害、意外伤害、公共安全事件等可能影响学生心理健康的事件，学校应当及时组织专业人员对学生进行心理援助。

教师应当学习和了解相关的精神卫生知识，关注学生心理健康状况，正确引导、激励学生。地方各级人民政府教育行政部门和学校应当重视教师心理健康。

学校和教师应当与学生父母或者其他监护人、近亲属沟通学生心理健康情况。

## 五、给辅导员的建议

首先，在得知学生自杀事件发生后，辅导员要迅速稳定心态，第一时间赶往现场，并保护现场等待警方的到来。通过多种渠道核实学生的个人信息和梳理基本情况，及时向学院分管领导、学生处相关领导进行快速简要的情况汇报。同时联系家长，告知家长学生的具体情况。

其次，与学生处、保卫处、宿舍中心等进行及时沟通，安排人员封锁保护现场，疏导围观人员，确保警车、救护车顺利到达现场。

再次，学生家长到校前，辅导员要将学生的情况和在校基本资料进行整理，并及时汇报给学校相关领导，保持自己与学校所掌握学生信息的一致。学生家长到校后，辅导员首先要安抚好家长的情绪，帮助家长调整心态，用情用心沟通，全程细心陪护。在此期间，配合学校陪同家长处理学生后续事宜，积极与家长保持畅通沟通，充分明确家长的境地与学校的考虑，协助沟通，尽量促进家长与学校达成意见一致的权责划分。

最后，做好学生群体的舆情把握，安排学生干部多渠道进行舆论摸查，了解学生群体私下是否有散布不实、负面的言论，如有类似的情况发生，及时处理该情况，告诫同学禁止散播不实、负面言论。开展班级学生心理健康教育工作，帮助学生调适和排解不良心理状态，提高学生的心理素质，预防各种心理问题，避免悲剧重演，尤其要对相关的学生做好心理干预。

# 第三节 高校如何处理学生隐私权被侵犯的问题

## 一、案例简介

大三的小江（化名）因为情感问题感到十分痛苦，和朋友交流之后并无好转。室友推荐小江去学校开设的心理咨询中心进行咨询。于是，小江来到心理咨询中心。咨询前，心理咨询中心与小江签订了心理咨询协议，表示未经授权不会泄露咨询者的个人信息。通过多次咨询，小江的心理问题得到了消解，逐渐能够正视情感问题，人也变得积极起来，对心理咨询相关的知识产生了兴趣。但在一次心理咨询讲座上，小江发现自己的咨询经历被当作典型事例公开讨论。小江认为心理咨询中心未经本人许可就将事例拿出来公开讨论，是对其隐私权的侵犯。于是，小江向当地人民法院主张该心理咨询中心应当向其赔礼道歉。

## 二、合法性分析

本案例的法律焦点主要在于：（1）小江进行心理咨询的个人案例或者个人档案是否属于个人隐私的范畴？（2）公开讨论小江的个人案例是否侵犯了小江的隐私权？是否应当承担法律责任？

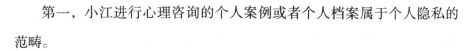

第一，小江进行心理咨询的个人案例或者个人档案属于个人隐私的范畴。

根据《民法典》的规定，法律保障民事主体的个人信息不受他人侵犯。隐私是指自然人的私人生活安宁和不愿为他人知晓的私密空间、私密活动、私密信息。

自然人进行心理咨询的个人案例或者个人档案属于私密信息，这些信息反映了咨询者在心理、生理或者其他方面的个人情况，具有特殊性和私密性，咨询者对此往往不愿让他人知晓或者认为不便让他人知晓。如果这些信息被公开或者散布出去，则会给咨询者造成极大的困扰，加剧心理健康问题的严重程度，甚至可能会导致一些恶性事件的发生。因此，这些信息对于咨询者而言至关重要，咨询者享有自我决定公开与否的权利。

第二，公开讨论小江个人案例的行为侵犯了小江的隐私权，应当对其行为造成的损害结果承担赔礼道歉等相应的法律责任。

有效的心理咨询，需要双方互动交流，建立一种良好的信任与合作关系，咨询者应当放下对心理咨询师的戒备，心理咨询师应当用自己的专业知识全力帮助咨询者解决问题。在此过程中，高校心理咨询师必然会了解、掌握前来咨询的高校学生的许多个人隐私信息。根据《中国心理学会临床与咨询心理学工作伦理守则（第二版）》(以下简称《伦理守则》)的相关规定，心理咨询师在工作中应当遵守职业道德，保持其服务的专业水准，做到诚实守信，尊重每位寻求专业服务者，尊重其隐私权和自我决定的权利。因此，高校心理咨询师在从业过程中，应当遵守职业道德和职业原则，不得泄露所掌握的学生个人隐私。同时，《伦理守则》规定了排除适用保密原则的情形：（1）心理咨询师发现寻求专业服务者有伤害自身或伤害他人的严重危险时；（2）寻求专业服务者有致命的传染性疾病等且可能危及他人时；（3）未成年人在受到性侵犯或虐待时；（4）法律规定需要披露时。在遇到前三种情况时，心理咨询师有向对方合法监护人或可确认的第三者预警的责任。

从本案例来看，学校心理咨询中心未经参加咨询的学生小江的认可和同意，公开讨论其个人案例的行为，违反了双方所签署的心理咨询协议，侵犯了小江的隐私权。根据《民法典》侵权责任编的相关规定，心理咨询中心的行为对小江的民事权益造成了损害，应当依法承担侵权责任。

## 三、预防路径

心理咨询是高校推进学生心理健康教育工作的重要组成部分，对于预防和矫治学生心理健康问题，促进学校教育教学管理，保障学生健康快乐成长，具有独特的意义。如何正确对待心理咨询中的隐私权问题，关系到高校心理咨询工作能否顺利开展。因此，必须积极采取措施防止心理咨询对学生基本权利的侵犯。

提升心理咨询师的职业道德素养，规范心理咨询师的工作方法，是进行高校学生管理，推进高校心理咨询工作顺利开展的基本路径。

第一，要营造良好的心理咨询氛围。

高校应当完善心理咨询的配套设施，如配置沙盘游戏室、脑电测评训练室、宣泄室和音乐放松室等。心理咨询的场地，应当具备隔音、私密等基本功能。

第二，要加强对心理咨询师的合法性教育。

高校应当在法治层面上开展心理咨询工作，培养、提升心理咨询师的

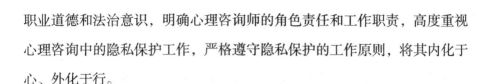

职业道德和法治意识，明确心理咨询师的角色责任和工作职责，高度重视心理咨询中的隐私保护工作，严格遵守隐私保护的工作原则，将其内化于心、外化于行。

第三，要加强对心理咨询师的专业能力教育。

高校的心理咨询中心应当聘请专业的心理咨询师，用专业技能帮助高校学生解决心理问题或者扫除其他困扰，恢复心理健康，提高适应能力。还应当积极对心理咨询师进行必要的专业技能训练，协助他们了解专业领域的新知识和新进展，通过不断更新专业知识，提升心理咨询师的专业胜任力。

第四，要规范心理咨询师的工作方法。

一是应当制定科学、正式的心理咨询协议，明确双方权利与义务。在正式进行心理咨询前，应当与前来咨询者签署保密协议，告知并确保咨询者了解其享有的权利与可能承担的责任。二是应当最大限度地尊重前来咨询的学生，只有在学生书面同意的情况下，才能对心理咨询的过程进行录音录像。三是不得随意谈论其他学生的心理咨询情况，不得在心理咨询室以外的其他地方随便谈论学生的个人情况，更不能将学生的个人案例当作茶余饭后的谈资。四是加强对学生个人档案的管理，防止因保管不当而导致心理咨询资料被他人翻阅，使得学生的隐私被扩散。五是在使用学生个人案例时，应当遵循科学合法的原则。出于科研等需要使用学生心理咨询资料时，应当获得学生的书面同意，在使用时应当隐去学生的姓名、性别、年龄等身份信息以及恋爱情况、身体状况等与学生关联的其他信息。六是如果前来咨询的学生有强烈的自杀倾向或者伤害他人的违法意图，心理咨询师要作出正确的衡量判断，这时可以突破隐私权保护的限制，积极采取措施进行干预，防止意外事件的发生。

第五，要完善责任追究机制。

充分发挥校领导及相关职能部门的作用，加强对心理咨询工作流程及方法的监督和检查，建立责任追究制度，在出现危机事件时追究相关责任人的责任。

## 四、关联性法律法规政策

1.《中华人民共和国民法典》（中华人民共和国主席令第45号）

**第一百一十条** 自然人享有生命权、身体权、健康权、姓名权、肖像权、名誉权、荣誉权、隐私权、婚姻自主权等权利。

法人、非法人组织享有名称权、名誉权和荣誉权。

**第一千零三十二条** 自然人享有隐私权。任何组织或者个人不得以刺探、侵扰、泄露、公开等方式侵害他人的隐私权。

隐私是自然人的私人生活安宁和不愿为他人知晓的私密空间、私密活动、私密信息。

**第一千零三十三条** 除法律另有规定或者权利人明确同意外，任何组织或者个人不得实施下列行为：

……

（五）处理他人的私密信息；

（六）以其他方式侵害他人的隐私权。

**第一千一百六十七条** 侵权行为危及他人人身、财产安全的，被侵权人有权请求侵权人承担停止侵害、排除妨碍、消除危险等侵权责任。

2.《中华人民共和国精神卫生法》（中华人民共和国主席令第6号）

**第二十三条** 心理咨询人员应当提高业务素质，遵守执业规范，为社会公众提供专业化的心理咨询服务。

心理咨询人员不得从事心理治疗或者精神障碍的诊断、治疗。

心理咨询人员发现接受咨询的人员可能患有精神障碍的，应当建议其到符合本法规定的医疗机构就诊。

心理咨询人员应当尊重接受咨询人员的隐私，并为其保守秘密。

3.《高等学校信息公开办法》(中华人民共和国教育部令第29号)

**第十条**　高等学校对下列信息不予公开：

……

（三）涉及个人隐私的；

……

其中第（二）项、第（三）项所列的信息，经权利人同意公开或者高校认为不公开可能对公共利益造成重大影响的，可以予以公开。

## 五、给辅导员的建议

首先，辅导员需要及时与学校心理咨询中心取得联系，通过实地询问，了解心理咨询中心是否存在泄露学生隐私的情况，是否侵犯学生的隐私权。如若情况属实，立刻向学校领导汇报该情况。

其次，及时联系该学生，跟学生沟通交流，开导学生，倾听学生的心声，避免学生因此事件一时想不通而走极端。联系学生的家长，如实告知学生的情况，并安抚家长的情绪。

再次，召开班级干部会议，讲清心理咨询中心泄露学生个人病例属于侵犯学生隐私权的行为，要求班委干部带头做好表率，不得私下讨论该学生的隐私，并告诫和监督同学们不得私下议论，要关心、爱护同学。

最后，辅导员应时刻关注该学生的心理状态和日常生活、学习行为是否有所异常，要定期与该学生交流、谈心，采取多种措施从多方面帮助该学生，帮助其尽快恢复到正常的学习生活中来。

# 第四节　高校如何处理在校学生因心理疾病伤人事件

## 一、案例简介

周某、吴某、李某和柴某是F大学生物学院的大三学生，四人住同一间寝室。大一至大二期间，四人相处比较融洽。周某与吴某之间偶尔会有一些小矛盾，但因为李某和柴某从中调解，两人一直没有产生大的争执。大三上学期，四人所在的班级开始了奖学金评选，按照学院评选规则，只有综合排名在前三的同学才能得到一等奖。吴某的综合排名为第四，而周某排在第二，吴某对此产生了强烈的嫉妒心理。一周后，吴某再一次因为生活琐事同周某发生口角，吴某对周某的不满逐渐转化为憎恨，并暗暗下决心要“收拾”周某。不久后正值元旦放假，李某和柴某回了家，只剩周某和吴某在寝室。假期第二天，吴某趁学院实验室无人，将实验室中的有毒化学品N-二甲基亚硝胺带回了宿舍。当天下午，吴某把该有毒物品注入饮水机内，之后吴某便外出并未回寝室。第二天上午，周某喝下了带有有毒物品的饮用水。随后，周某出现呕吐现象。一开始周某并未多想，但腹部痉挛痛、恶心逐渐加重，便于傍晚前往医院就诊。在医院留院观察期间，周某病情突然加重，最终因抢救无效死亡。学校知道此事后立刻联系警方，公安机关接到报案后，及时开展相应的侦查活动，最终将嫌疑人锁定在吴某身上。经公安机关审讯后，吴某对此事供认不讳，承认了自己投毒的事实。

## 二、合法性分析

本案例的法律焦点在于：（1）对于吴某的行为，应当如何进行评价？（2）对于被害人周某的死亡结果，F 大学是否应当承担法律责任？

第一，吴某的行为属于刑事犯罪，应当依法追究刑事责任。

本案中，吴某与周某发生口角，积怨已深，由此吴某产生伤害周某的犯罪意图。吴某为生物学院学生，具有一定水平的专业知识，为杀害周某泄愤，其在明知 N- 二甲基亚硝胺是剧毒物品，且会对人的肝脏造成严重损伤的情况下，将该物品带出实验室，在饮水机中投入远超致死量的剧毒物品，可见被告人吴某对于周某的死亡结果持故意的主观心态。另外，吴某在案发时的精神状态正常，能够完全辨认和控制自己的行为，属于完全刑事责任能力人。其在投毒行为实施完毕、被害人周某中毒之后，有多次机会可以阻止危害结果进一步扩大，但吴某主观上并无悔意，客观上也没有实施有效防止危害结果发生的行为，故意隐瞒病因，耽误救治，置周某的生死于不顾，以上足以说明吴某的主观恶性较大，对周某死亡的危害结果持放任甚至是积极追求的主观态度。根据《刑法》的相关规定，在犯罪行为实施完毕后，行为人自动有效地防止危害结果发生的，可视为犯罪中止。因此，吴某的行为不仅失去了救治周某的最佳时机，也错过了拯救自己的最佳时机。

根据《刑法》以及《学生伤害事故处理办法》的相关规定，已满 16

周岁的学生故意实施违法犯罪行为，造成其他学生财产利益和/或人身利益的减损，应当依法承担相应的责任。本案被告人吴某是大学生，不仅拥有完全辨认和控制自己行为的能力，也拥有正确辨别是非的能力，其在此情况下对自己的室友周某实施投毒的行为，导致周某中毒死亡，侵犯了周某的生命权。以上行为完全符合《刑法》第232条关于故意杀人罪的规定，应当依法承担刑事责任。

第二，对于被害人周某的死亡结果，如果F大学尽到了管理职责，则无须承担法律责任；如果未尽到相应的管理职责，则应当根据其过错程度，承担相应的法律责任。

根据《学生伤害事故处理办法》的相关规定，如果学校已履行相应职责，对于学生伤害事故的处理行为并无不当之处的，学校不承担法律责任；反之，则应承担相应的法律责任。对于F大学是否应当对被害人周某的死亡结果承担法律责任，需要考察F大学是否尽到了相应的管理职责。

从案件报告来看，吴某在实施犯罪行为前，存在心理、性格以及人际关系等方面的问题。如果F大学根据吴某平时的表现以及心理测评情况，不可能知道或者难以知道吴某存在以上情况，且在日常管理过程中，尽到了相应的教育管理职责，那么学校就不承担法律责任。如果F大学在能够知道或者已经知道吴某存在心理健康问题等情况下，及时通过谈话、心理咨询等方式对其进行教育，或者积极帮助吴某协调同学关系，尽到了相应的管理职责，则学校没有过错，对于周某的死亡结果并无失职之处，不承担法律责任。如果有证据证明F大学在知道吴某存在心理健康等问题后，对其置之不理，未对其予以关注、教育，则F大学未尽到相应的管理职责，存在制度不严、管理不善的过错，依据《民法典》以及《学生伤害事故处理办法》的规定，应当对周某的死亡结果承担相应的民事法律责任。

## 三、预防路径

对于学生因心理问题伤害他人的事件，可以采取以下几个方面的措施进行预防。

第一，高校应当加强对高校学生的心理健康教育。

教育的最终目的在于立德树人，而非制造学习机器。在对学生进行专业知识教育的同时，应当加强大学生的心理健康工作。高校应当重视对学生健康心理和健康人格的塑造，帮助学生提高思想认识和精神境界；积极鼓励以及培养学生养成良好的心理品质，提高心理抗打击能力、情绪调节能力以及压力消解能力，增强对逆境的自我效能感和自信感，钝化学生的敏感心理；此外，还应当及时矫正学生错误的思想观念及行为，帮助他们理顺对立情绪，走出心理困惑。

第二，高校应当提高自身的教育管理能力。

高校应当完善预警监察措施，密切关注学生的学习生活状况，及时了解学生的心理状态、人际交往情况以及升学就业等情况，在发现问题后及时有针对性地帮助学生解决具体问题，动之以情，晓之以理，导之以行，及时沟通化解，平息事态，避免这些问题升级演变为危机事件。

第三，应当加强对高校学生的思想政治教育和法治教育。

思政课是落实立德树人根本任务的关键课程。高校应当加强对学生的理想信念教育，加强精神文明建设，帮助学生构建精神世界，使学生树立正确的世界观、人生观、价值观、交友观、恋爱观等，建立良好的道德品质和优良品格。高校还应当加强法治教育，切实提高学生的法律意识和法律信仰，树立遵纪守法的法治意识。

## 四、关联性法律法规政策

1.《中华人民共和国刑法》（中华人民共和国主席令第 66 号）

**第二百三十二条**　故意杀人的，处死刑、无期徒刑或者十年以上有期徒刑；情节较轻的，处三年以上十年以下有期徒刑。

2.《中华人民共和国刑事诉讼法》（中华人民共和国主席令第 10 号）

**第二百四十六条**　死刑由最高人民法院核准。

3.《中华人民共和国民法典》（中华人民共和国主席令第 45 号）

**第一千一百六十五条**　行为人因过错侵害他人民事权益造成损害的，应当承担侵权责任。

依照法律规定推定行为人有过错，其不能证明自己没有过错的，应当承担侵权责任。

**第一千一百六十七条**　侵权行为危及他人人身、财产安全的，被侵权人有权请求侵权人承担停止侵害、排除妨碍、消除危险等侵权责任。

**第一千一百七十九条**　侵害他人造成人身损害的，应当赔偿医疗费、护理费、交通费、营养费、住院伙食补助费等为治疗和康复支出的合理费用，以及因误工减少的收入。造成残疾的，还应当赔偿辅助器具费和残疾赔偿金；造成死亡的，还应当赔偿丧葬费和死亡赔偿金。

4.《中华人民共和国精神卫生法》（中华人民共和国主席令第 6 号）

**第十六条**　……教师应当学习和了解相关的精神卫生知识，关注学生心理健康状况，正确引导、激励学生。地方各级人民政府教育行政部门和学校应当重视教师心理健康。

学校和教师应当与学生父母或者其他监护人、近亲属沟通学生心理健康情况。

**第五十三条** 精神障碍患者违反治安管理处罚法或者触犯刑法的，依照有关法律的规定处理。

5.《中华人民共和国高等教育法》（中华人民共和国主席令第 23 号）

**第五十三条** 高等学校的学生应当遵守法律、法规，遵守学生行为规范和学校的各项管理制度，尊敬师长，刻苦学习，增强体质，树立爱国主义、集体主义和社会主义思想，努力学习马克思列宁主义、毛泽东思想、邓小平理论，具有良好的思想品德，掌握较高的科学文化知识和专业技能。

高等学校学生的合法权益，受法律保护。

6.《学生伤害事故处理办法》（中华人民共和国教育部令第 30 号）

**第九条** 因下列情形之一造成的学生伤害事故，学校应当依法承担相应的责任：

……

（八）学生在校期间突发疾病或者受到伤害，学校发现，但未根据实际情况及时采取相应措施，导致不良后果加重的；

……

（十）学校教师或者其他工作人员在负有组织、管理未成年学生的职责期间，发现学生行为具有危险性，但未进行必要的管理、告诫或者制止的；

……

**第十条** 学生或者未成年学生监护人由于过错，有下列情形之一，造成学生伤害事故，应当依法承担相应的责任：

（一）学生违反法律法规的规定，违反社会公共行为准则、学校的规章制度或者纪律，实施按其年龄和认知能力应当知道具有危险或者可能危及他人的行为的；

……

**第十二条**　因下列情形之一造成的学生伤害事故，学校已履行了相应职责，行为并无不当的，无法律责任：

……

（三）学生有特异体质、特定疾病或者异常心理状态，学校不知道或者难于知道的；

（四）学生自杀、自伤的；

……

**第十四条**　因学校教师或者其他工作人员与其职务无关的个人行为，或者因学生、教师及其他个人故意实施的违法犯罪行为，造成学生人身损害的，由致害人依法承担相应的责任。

**第二十六条**　学校对学生伤害事故负有责任的，根据责任大小，适当予以经济赔偿，但不承担解决户口、住房、就业等与救助受伤害学生、赔偿相应经济损失无直接关系的其他事项。

学校无责任的，如果有条件，可以根据实际情况，本着自愿和可能的原则，对受伤害学生给予适当的帮助。

7.《普通高等学校学生管理规定》(中华人民共和国教育部令第41号)

**第七条**　学生在校期间依法履行下列义务：

（一）遵守宪法和法律、法规；

（二）遵守学校章程和规章制度；

（三）恪守学术道德，完成规定学业；

（四）按规定缴纳学费及有关费用，履行获得贷学金及助学金的相应义务；

（五）遵守学生行为规范，尊敬师长，养成良好的思想品德和行为习惯；

（六）法律、法规及学校章程规定的其他义务。

**第三十九条** 学校、学生应当共同维护校园正常秩序，保障学校环境安全、稳定，保障学生的正常学习和生活。

**第四十二条** ……学校发现学生在校内有违法行为或者严重精神疾病可能对他人造成伤害的，可以依法采取或者协助有关部门采取必要措施。

## 五、给辅导员的建议

首先，这是极端个别案例，辅导员遇到此类事件，必须保持沉着冷静，第一时间向学校领导汇报情况，并配合学校相关部门的工作，向公安机关提供相关学生的信息。

其次，在医院陪同受害学生的同时，一方面，与受害学生家属取得联系，做好家属的情绪安抚工作；另一方面，联系班委干部，了解受害学生亲近的同学、室友、老师等，配合公安机关和学校及时查明事件真相。

再次，返回学校召开班级会议，向学生澄清事情真相，防止学生胡乱猜测捏造谣言，同时做好舆论引导，避免在学生中发生以讹传讹的事情，导致事态扩大化。

最后，协助学校和家长走必要的法律程序，并以此事件为重大案例，总结和反思前期工作，加强对学生的人格、心理健康教育。

# 第六章 高校学生资助和奖励

# 第一节　高校学生资助和奖励法治化概述

## 一、概念

高校学生资助和奖励是高校学生管理制度的重要组成部分，也是高校奖助制度的核心。高校学生资助和奖励在发挥国家的公共财政职能以及高校的日常管理活动中具有至关重要的作用，其不仅是部分大学生能够顺利完成学业的保障，还可以起到奖励先进的作用，最终推动和实现教育公平。因此，对高校学生予以资助和奖励，是落实《宪法》第46条规定的受教育权的表现，使学生应有的法律权利得到充分实现。

在高校中，学生资助和奖励的形式复杂多样。学生资助往往表现为助学金、助学贷款、勤工助学、学费减免等，由国家、政府或者社会团体等为家庭经济困难的学生提供政策帮扶或者资金补助。学生奖励是由国家规定设立的学校相关部门根据学生的学习情况和德智体美等各方面的综合情况，对在德、智、体、美等方面全面发展或者在思想品德、文艺活动、志愿服务及社会实践等方面有重要成就的学生授予荣誉称号等各种形式的精神奖励或者奖学金等的物质奖励。

## 二、法律规范

当前，我国关于高校学生资助和奖励制度的相关法律文件已经较为详备。除《宪法》和一些基本法律之外，政府部门、教育行政部门等相关部门还制定和出台了一系列包含学生资助和奖励政策的具有普遍法律效力的各类规章和一般规范性文件。

从历史沿革来看，早在 1955 年，我国就制定了《高等教育部关于执行全国高等学校（不包括高等师范院校）一般学生人民助学金实施办法的指示》，对助学金的发放范围、补助额度以及申请程序等予以明确规定。20 世纪 70 年代，我国高等教育体制发生重大变革，一些关于高等学校学生资助和奖励政策的文件也相继出台。国务院办公厅分别于 1999 年 6 月 17 日和 2000 年 2 月 1 日转发中国人民银行等部门关于《国家助学贷款管理规定（试行）》的通知以及关于《助学贷款管理若干意见》的通知。自此，我国关于高等学校学生的资助和奖励制度初步得以建构。

进入 21 世纪后，随着高等教育体制改革的不断深入，加之国家财政以及社会各界的大力支持，我国高校学生的资助和奖励政策逐渐细致和完善。中国人民银行、教育部、财政部于 2002 年 2 月 9 日出台《关于切实推进国家助学贷款工作有关问题的通知》。2005 年 3 月，在对《普通高等学校学生管理规定》进行修改时，再一次对高校学生所享有的参加勤工俭学、申请助学金、奖学金等权利进行了重申。2018 年，教育部、财政部印发《高等学校勤工助学管理办法（2018 年修订）》。2021 年 12 月 30 日，财政部、教育部、人力资源社会保障部等印发《学生资助资金管理办法》，该文件内附 13 个附件，其中，《本专科生国家奖学金实施细则》《本专科生国家励志奖学金实施细则》《本专科生国家助学金实施细则》《研究生国家奖学金实施细则》《研究生学业奖学金实施细则》《研究生国家助学金实施细则》等文件在学生的奖助学金申请条件、学校的评审原则等方面作出了规定。

此外，对于赴基层单位就业的高校毕业生、退役士兵以及应征入伍服义务兵役的高校学生等群体，财政部、教育部、人力资源社会保障部等也在2021年12月30日印发的《学生资助资金管理办法》中进行了规定，这一规定逐步完善了学费减免与特殊困难补助等方面的管理规定。

综上，当前我国已经具备“奖、助、勤、贷、免、补”的全方位高校学生资助与奖励体系，形式更加复杂多样、覆盖更加全面、资金来源更加多元、储备更加丰富。

## 三、研究意义

资助和奖励工作与广大贫困学生家庭和优秀学生的权益息息相关，党中央、国务院高度重视这一问题。为推动科教兴国战略的实施，支持和促进教育事业的发展，提高全民族素质和创新能力，国家制定了一系列的助学制度和政策，使家庭经济困难学生能够上得起大学并顺利完成学业。为激励高校学生勤奋学习、潜心科研、勇于创新、积极进取，国家又设置了较为完备的奖学金政策。从国家角度讲，学生资助和奖励工作对于高等教育乃至社会民生都起到了极大的促进作用。

但在高校日常的学生管理活动中，国家助学金和各类奖学金的发放涉及高校学生的切身利益，发放范围、评定标准、评定程序乃至发放后的使用方式等都有可能引发高校学生的广泛关注和热议。从新闻媒体的报道来看，每年都会有学生因奖助学金的评议、发放等问题与学校产生纠纷的案例。其中，因公示而引发的学生隐私权的保护问题尤为突出，在知情权和隐私权之间的博弈中，各方存在广泛争议。同样地，高校助学贷款政策虽然已经取得较为显著的成绩，但是也存在诸多亟待解决的问题，仍有很多学生没有对此引起足够重视，最终因拖欠贷款而被起诉至人民法院，自身信用也因此受损。综上，我国高校学生资助和奖励制度在定位和运行过程中的准确性、规范性方面还存在诸多不足，相关资助和奖励措施还缺乏系统性和长期性，一些细节问题有待进一步厘清和说明。因此，有必要推进高校学生资助和奖励法治化，使我国的高校学生资助和奖励制度变得更为统一、高效，运行更加顺畅、健康。

在全面推进依法治国的时代背景下，进一步促进以及保障学生资助和奖励工作的展开，推进高校学生资助和奖励工作法治化，构建高校资助和奖励的长效运行机制，完善权利救济机制，强化资助育人功能，是构建社会主义和谐社会的重要举措，是实施科教兴国和人才强国战略、优化教育结构、合理配置教育资源、促进教育公平和社会公正的有效手段，是切实履行公共财政职能、推进基本公共服务均等化的必然要求。在法治轨道上，明确各方权利和义务，扎实推进和规范高校学生资助和奖励工作，能够有效阻断或防止贫困的“代际传递”，完善解决社会问题，协商化解社会矛盾。构建法治化的高校学生资助和奖励工作机制，还将实现对青年学生进行道德浸润，促进自立自强、知恩感恩、诚实守信等优秀品质的养成，引导学生健康成长、成才。

## 第二节 高校公示受资助学生详细信息是否侵犯学生隐私权

### 一、案例简介

奖助学金评选是我国各大高校每年必须完成的重要工作。按照规定，高校在奖助学金评选结束后，应该将名单在其学校官网中进行公示。但在公示名单时，不能泄露学生的敏感信息。2017 年 11 月，教育部全国学生资助管理中心强调，学校在评定奖学金、助学金等工作时，要注意严格保护学生个人信息和隐私，严禁公示学生私人敏感信息，包括学生身份证号码、电话号码、家庭住址等。但据调查，不少学校在公示奖助学金的获得者名单时，将学生的学号、身份证号码、家庭住址、联系方式等个人信息也一并予以公示。例如，H 大学在公示当年国家助学金时，还公布了学生的身份证号码与电话号码。此举严重泄露了学生的隐私，给学生带来了很大的困扰。

## 二、合法性分析

本案例的法律焦点主要在于：（1）受资助学生的信息是否属于个人信息的范畴？（2）H大学等各大高校是否应当公示受资助学生的信息？

第一，受资助学生的身份证号码、家庭住址、电话号码、出生日期等信息属于个人信息的范畴，依法受到保护。

根据《民法典》的规定，法律保护自然人的个人信息不受他人的侵犯。个人信息是以电子或者其他方式记录的能够单独或者与其他信息结合识别特定自然人的各种信息，包括个人姓名、出生年月、证件号码、身份信息等。隐私主要包括不愿为外人所干涉的私密空间、活动、信息以及个人生活的安宁。

因此，受资助学生的信息属于个人信息的范畴，属于个人隐私，依法受到保护。任何人不得随意泄露或者非法使用。

第二，H大学等各大高校应当公示受资助学生的名单及其信息，但应当在法律规定的程度和范围内予以公示。

信息公示是保障知情权实现的程序要求和基本操作。在高等学校助学金的评定和发放过程中，因信息公示而产生的问题显得尤为突出，主要表现为公众知情权和学生个人隐私之间的利益衡量。

根据《普通高等学校学生管理规定》第6条的规定，学生在校期间依法享有申请奖学金、助学金及助学贷款的权利。在申请资助时，需要学生提供相关的个人信息作为申请依据。根据《普通高等学校学生管理规定》第50条的相关规定，学校对学生予以表彰和奖励，以及确定推荐免试研究生、国家奖学金、公派出国留学人选等赋予学生利益的行为，应当建立公开、公平、公正的程序和规定，建立和完善相应的选拔、公示等制度。根据《高等学校信息公开办法》的规定，高等学校应当主动公开学生获得奖学金、助学金的管理规定等信息。

因此，为保障公众的知情权，确保资助工作的公平、公正、公开，促进高校管理的合法化，学校有必要将受资助学生的个人信息在法律规定的程度和范围内予以公示。在公示时，要坚持适当原则，坚持信息简洁、够用即可的方针，不得将学生的个人敏感信息进行公示，超过合理必要范围所进行的公示，违背了法律的原意，侵犯受资助学生的隐私权，严重的情况下还将不利于受资助学生的健康成长。

## 三、预防路径

为推动高校资助工作法治化，保护受资助学生的个人信息，保障公民的隐私权和知情权的实现，高等学校应当积极采取以下措施。

第一，健全资助工作体系和机制，制定更为严格的信息管理制度。

高等学校应当健全资助工作的体制机制，加强对资助工作者的培训、管理和法治教育，增强资助工作者的法治意识。资助工作者要强化对个人信息和隐私保护的法律意识，在实际进行评议认定、公示、发放补助等相关资助工作的过程中，应当依法进行操作。对于在评审认定工作中所知晓的受资助学生的个人隐私，资助工作者未经允许不得随意披露，不得在公开场合与他人就此讨论。对于资助工作所伴随产生的各种包含受资助学生隐私的材料，应当由专人进行专门管理，相关材料不得随意传阅，任何人在查看时均须进行备案登记。

第二，严格贯彻落实相关法律规范和资助管理规定，制定完善的信息公示制度。

高等学校应当贯彻落实育人的理念，严格遵循《民法典》等相关法律的规定，以及《教育部办公厅关于进一步加强和规范高校家庭经济困难学生认定工作的通知》等相关资助管理规定，捋顺信息公示工作的方式方法，依法开展资助管理工作，在保障公众知情权的同时，也要积极认真地尊重和保护受资助学生的隐私权。

高等学校应当制定完善的信息公示制度，严格限制应当公示的信息范围，坚持简单、够用即可的方针原则，不得随意扩大公示范围。在进行公示时，可以仅将受资助学生的姓名、班级、学号等基础信息予以公示，不宜将学生的身份证号码、家庭住址以及家庭收入情况、电话号码等个人敏感信息进行公示。

在信息管理和信息公示过程中存在过错的，应当对相关人员进行严肃的批评教育；造成严重后果的，应当依法追究相关人员的法律责任。

## 四、关联性法律法规政策

1.《中华人民共和国民法典》(中华人民共和国主席令第 45 号)

**第一百一十条**　自然人享有生命权、身体权、健康权、姓名权、肖像权、名誉权、荣誉权、隐私权、婚姻自主权等权利。

法人、非法人组织享有名称权、名誉权和荣誉权。

**第一百一十一条**　自然人的个人信息受法律保护。任何组织或者个人需要获取他人个人信息的，应当依法取得并确保信息安全，不得非法收集、使用、加工、传输他人个人信息，不得非法买卖、提供或者公开他人个人信息。

**第九百九十条** 人格权是民事主体享有的生命权、身体权、健康权、姓名权、名称权、肖像权、名誉权、荣誉权、隐私权等权利。

除前款规定的人格权外，自然人享有基于人身自由、人格尊严产生的其他人格权益。

**第一千零三十二条** 自然人享有隐私权。任何组织或者个人不得以刺探、侵扰、泄露、公开等方式侵害他人的隐私权。

隐私是自然人的私人生活安宁和不愿为他人知晓的私密空间、私密活动、私密信息。

**第一千零三十三条** 除法律另有规定或者权利人明确同意外，任何组织或者个人不得实施下列行为：

……

（五）处理他人的私密信息；

（六）以其他方式侵害他人的隐私权。

**第一千零三十四条** 自然人的个人信息受法律保护。

个人信息是以电子或者其他方式记录的能够单独或者与其他信息结合识别特定自然人的各种信息，包括自然人的姓名、出生日期、身份证件号码、生物识别信息、住址、电话号码、电子邮箱、健康信息、行踪信息等。

个人信息中的私密信息，适用有关隐私权的规定；没有规定的，适用有关个人信息保护的规定。

**第一千零三十五条** 处理个人信息的，应当遵循合法、正当、必要原则，不得过度处理，并符合下列条件：

（一）征得该自然人或者其监护人同意，但是法律、行政法规另有规定的除外；

（二）公开处理信息的规则；

（三）明示处理信息的目的、方式和范围；

（四）不违反法律、行政法规的规定和双方的约定。

个人信息的处理包括个人信息的收集、存储、使用、加工、传输、提供、公开等。

**第一千一百六十五条**　行为人因过错侵害他人民事权益造成损害的，应当承担侵权责任。

依照法律规定推定行为人有过错，其不能证明自己没有过错的，应当承担侵权责任。

**第一千一百六十七条**　侵权行为危及他人人身、财产安全的，被侵权人有权请求侵权人承担停止侵害、排除妨碍、消除危险等侵权责任。

2.《高等学校信息公开办法》（中华人民共和国教育部令第 29 号）

**第五条**　高等学校应当建立健全信息发布保密审查机制，明确审查的程序和责任。高等学校公开信息前，应当依照法律法规和国家其他有关规定对拟公开的信息进行保密审查。

有关信息依照国家有关规定或者根据实际情况需要审批的，高等学校应当按照规定程序履行审批手续，未经批准不得公开。

**第七条**　高等学校应当主动公开以下信息：

……

（六）学生奖学金、助学金、学费减免、助学贷款与勤工俭学的申请与管理规定等；

……

**第十条**　高等学校对下列信息不予公开：

……

（三）涉及个人隐私的；

……

其中第（二）项、第（三）项所列的信息，经权利人同意公开或者高校认为不公开可能对公共利益造成重大影响的，可以予以公开。

3.《普通高等学校学生管理规定》(中华人民共和国教育部令第41号)

**第六条** 学生在校期间依法享有下列权利：

……

（三）申请奖学金、助学金及助学贷款；

……

**第五十条** ……学校对学生予以表彰和奖励，以及确定推荐免试研究生、国家奖学金、公派出国留学人选等赋予学生利益的行为，应当建立公开、公平、公正的程序和规定，建立和完善相应的选拔、公示等制度。

4.《教育部办公厅关于进一步加强和规范高校家庭经济困难学生认定工作的通知》(教财厅〔2016〕6号)

二、进一步完善认定办法、改进认定方式

……

4. 开展调查研究工作，保护受助学生尊严。各高校应采用大数据分析、个别访谈等方式，深入、直观地了解学生家庭经济状况，及时发现那些困难但未受助、不困难却受助的学生，及时纠正认定结果存在的偏差。公示家庭经济困难学生受助情况的内容，不能涉及学生个人及家庭的隐私；评定学生家庭经济状况时，不能让学生当众诉苦、互相比困；宣传学生励志典型时，涉及受助学生的任何事项，都应征求学生本人的同意；采用隐性的方式，避免大张旗鼓地发放款式相同、规格统一的资助物品，把困难学生与非困难学生割裂区分开。

## 五、给辅导员的建议

首先，辅导员应该及时向学校相关领导汇报相应情况，经学校领导审核后，听从领导的指示，及时撤回公示信息，做出修改，重新公示。

其次，辅导员如果侵犯了学生的隐私权，应及时向受侵犯的学生表达歉意，并反思自己的行为，在后期工作中应加强对学生隐私权的保护。

再次，对涉及隐私暴露的同学尤其是困难学生进行心理辅导，避免其因为自卑等心理因素导致心理问题。

最后，辅导员自身必须加强对相关法律知识和政策的学习，不断加强自身的理论素养，提升工作水平。

## 第三节 高校如何认定家庭经济困难的学生

### 一、案例简介

某年10月，各高校都陆续开展了家庭经济困难学生认定工作。小杨（化名）所在的学院在完成认定之后，将困难学生的名单及认定情况公示在了学校的官方网站。小杨的名字也在其中。但在公示之后，小杨班级中有同学认为该名单并不科学，便在年级群中匿名提出了质疑。该生认为小杨并不贫困，使用的手机都是苹果手机，平时生活消费也不节俭，只是开到了贫困证明。小杨对此表示非常委屈，解释自己家庭情况并不是该学生所讲的那样，所用的苹果手机也只是暑假兼职挣了一些零用钱之后，在二手网站购买的旧手机。不止如此，小杨认为在经济困难认定之后，班上的同学就在监视自己，稍微购买一些东西就会有同学在背后指指点点，使得自己平时生活学习都有很大的压力。由于总是受此心理压力，小杨找到学院的老师，表示自己放弃认定，也放弃资助申请。

## 二、合法性分析

本案例的法律焦点主要在于：（1）学生个人的日常消费情况是否可以作为家庭经济困难学生认定的决定性因素？（2）对于小杨放弃资助申请的行为，应当如何进行评价？（3）对于高校中存在的伪造证明、虚报贫困的行为，应当如何进行评价？

第一，家庭实际经济情况是认定家庭经济困难学生的唯一决定性因素，学生个人的日常消费情况仅可以作为参考因素，在实际认定工作中应当谨慎使用。

高校开展资助工作的首要任务，就是要对家庭经济困难学生进行认定。在认定时，应当充分认识到家庭经济困难学生认定工作的重要性，严格按照《教育部办公厅关于进一步加强和规范高校家庭经济困难学生认定工作的通知》等相关规范文件的要求，在认定工作的开展过程中，应当根据当地的消费能力水平、居民最低生活保障标准等相关因素进行综合认定，同时应当尽量避免其他无关因素的干扰和影响。因此，困难学生的家庭经济能力是认定其是否享有资助资格的唯一决定性因素。

但不少高校在实际推进资助工作的过程中，明里暗里地将学生个人的日常消费情况作为家庭经济困难学生认定的决定性因素，认为学生如果使用名牌电脑、手机或者穿着名牌衣服、球鞋等，就不符合贫困生认定的条件，不具有获得资助的资格。根据相关文件的规定，学生个人的日常消费情况等表现不能与家庭经济情况直接挂钩。高校在认定时加入其他非经济因素，这种草率做法违背了助学资助的育人目标，违反了禁止不当联结的原则，使得一些家境困难的学生因此“落选”，一些家境较好的学生则成为令人争议的“假贫困生”。

需要明确的是，虽然学生个人的日常消费情况有时不能直接反映一个学生的家庭实际经济情况，但学生个人的日常消费情况应当被作为认定其家庭经济困难的重要衡量标准。如果学生个人的日常消费情况存在过度消费或者与上报材料明显不符等情况，在进行家庭经济困难学生认定工作的过程中，应当予以考虑。但是，如果学生没有虚报贫困，也没有挥霍有限的资助金，学校就不应当取消其继续获得资助的资格，更不应当剥夺学生购买和使用手机、电脑的权利。

第二，小杨出于心理压力放弃资助申请的行为，是不恰当的。

小杨出于心理压力放弃资助申请的行为，不利于精准帮扶的实现，也可能会影响小杨正常的学习生活。小杨被认定为资助对象后，依法接受社会各界的监督是其应当承担的义务。但是，受资助的学生也是正常的人，在没有过度消费的情况下使用手机、买件新衣服，是可以理解的，社会不宜过分地吹毛求疵，过分严格地限制受资助对象的消费行为。对此，小杨应当积极调整心态，树立正确的荣辱观，正视资助政策的功能定位，学校也应当积极采取措施予以解决。

第三，伪造证明、虚报贫困的行为是错误的，高校应当加强监督，依法采用适当的方式予以惩戒。

目前，在实际开展认定工作时，认定学生家庭经济困难的主要依据是困难学生提交的相关部门出具的家庭经济情况调查表、证明信等官方书面文件。据此，学生负有如实申请的义务。但在实践中，弄虚作假、伪造证明、虚报贫困等诚信缺失的现象时有发生。在出具贫困证明后，这类学生依旧进行奢侈消费。家庭经济贫困证明材料的随意性和自我认定性造成了材料的失真。出于人力、技术等各方面的原因，资助工作者也常常无法查证这些文件的真实性。这违背了资助政策的初衷，应当引起高校的关注，积极采取措施加强监督，对相关学生依法予以惩戒。

## 三、预防路径

推进高校资助工作法治化，实现国家资助资源的合理分配，确保受资助学生能够平等接受高等教育、健康成长成才，是构建社会主义和谐社会的需要，有利于促进教育公平和社会公正，推动公共服务均等化。为此，高校在开展资助工作的过程中，应当积极采取以下措施。

第一，高校针对如何认定家庭经济困难学生应当建立一套合理可行的评定机制。

切实完成高校学生资助工作的前提就是相关部门要首先做到“精准助学”。这就要求精准认定家庭经济困难学生，这也是决定资助政策落实效果的基础性工作。为了准确认定贫困生资格，更好地推进高校学生资助工作，确保国家资助资源实现公平、公正、合理分配，构建科学合理的认定评价标准应是基本保障和先决条件。

高校应当坚持实事求是的原则，严格按照教育部、财政部出台的相关指导意见的要求，制定符合新形势、新情况且具有可操作性的认定评价标准。该标准应当明确规定在进行综合认定时，主要考虑学生所在家庭人均年收入、所在地的经济社会发展水平、学生的每月生活费用以及当地居民最低生活费用等因素或者指标，不得添加非经济因素等任何附加条件，避免人为主观因素对认定工作的干扰，不能仅通过一次、两次的高消费就认定该学生存在过度消费行为，进而取消其受到资助的资格。

第二，提高高校资助工作者的工作能力。

首先，高校应当选拔一批政策水平高、责任心强、公正有爱心并且热爱资助工作的干部队伍。同时，应当通过日常的培训逐步提高工作队伍的专业能力。

其次，高校学生资助部门应当积极宣传国家资助政策，贯彻落实中央资助政策，进一步提高学生对相关政策具体内容的了解，帮助学生能够合理利用官方资助渠道获得助学资金。除此之外，相关工作人员应当积极反映学生家庭的实际状态，认真了解学生的真实经济情况，做好家庭经济情况调查，防止学生因为不好意思、碍于面子等放弃资助申请，准确掌握学生实际情况，及时发现骗取资助资格的学生，弥补更正资助对象的偏差，扎实推进学生资助工作。

最后，高校的资助工作者要注意资助的方式方法，避免差别化管理或者标签化管理对家庭困难学生产生负面影响。资助工作者还要教育受资助学生树立正确的人生观、价值观、荣辱观。

第三，针对学生骗取资助的行为建立一套切实可行的检举监督以及处罚处分机制。

学生生源地政府应当加强对于学生资助的监督管理，督促各高校职能部门对学生的家庭经济情况作出真实客观的证明，以保障认定结果的公平、公正；加强对资助程序、资助材料的监督检查，确保资助资金能够公平公开透明地流向真正需要的困难学生。各高校可以合理运用现有的信息数据收集分析技术，切实掌握受助学生的实际家庭经济情况，争取做到“精准助学”，出现错误或偏差时应当及时纠正。

对于在申请资助时弄虚作假、虚报贫困的学生，除批评教育外，还应当以适当方式予以惩戒，提升资助资源配置的效益性。

## 四、关联性法律法规政策

1.《普通高等学校学生管理规定》(中华人民共和国教育部令第 41 号)

**第六条**　学生在校期间依法享有下列权利：

……

(三)申请奖学金、助学金及助学贷款；

……

**第七条**　学生在校期间依法履行下列义务：

……

(四)按规定缴纳学费及有关费用，履行获得贷学金及助学金的相应义务；

……

2.《高等学校学生行为准则》(教学〔2005〕5 号)

七、勤俭节约，艰苦奋斗。热爱劳动，珍惜他人和社会劳动成果；生活俭朴，杜绝浪费；不追求超越自身和家庭实际的物质享受。

3.《财政部、教育部、人力资源社会保障部等关于印发〈学生资助资金管理办法〉的通知》(财科教〔2019〕19 号)之附件 3:《本专科生国家助学金实施细则》

**第十一条**　高校应切实加强管理，认真做好国家助学金的评审和发放工作，确保国家助学金用于资助家庭经济困难的学生。

……

4.《教育部办公厅关于进一步加强和规范高校家庭经济困难学生认定工作的通知》(教财厅〔2016〕6 号)

一、进一步提高思想认识

精准认定家庭经济困难学生是做好学生资助工作的重要前提，是决定资助政策落实效果的基础性工作。各地、各高校要充分认识家庭经济困难学生认定工作的重要性，认定家庭经济困难学生应依据其家庭经济状况，不能加入其他非经济因素。……

二、进一步完善认定办法、改进认定方式

1. 及时修订认定办法，合理确定认定标准。各地要根据本地经济社会发展水平、城市居民最低生活保障标准以及财力状况等因素，确定本地家庭经济困难学生的认定指导标准。各高校要根据各地指导标准，结合学校所在城市物价水平、高校收费水平、学生家庭经济能力等因素，确定家庭经济困难学生的认定标准和资助档次。对多年前制定、现已不适应新形势新情况的认定办法和条款，要尽快予以修订。修订后的办法要在学校门户网站予以公开。学生家庭经济情况证明材料，由乡镇、街道一级的民政部门出具即可。

……

4. 开展调查研究工作，保护受助学生尊严。各高校应采用大数据分析、个别访谈等方式，深入、直观地了解学生家庭经济状况，及时发现那些困难但未受助、不困难却受助的学生，及时纠正认定结果存在的偏差。公示家庭经济困难学生受助情况的内容，不能涉及学生个人及家庭的隐私；评定学生家庭经济状况时，不能让学生当众诉苦、互相比困；宣传学生励志典型时，涉及受助学生的任何事项，都应征求学生本人的同意；采用隐性的方式，避免大张旗鼓地发放款式相同、规格统一的资助物品，把困难学生与非困难学生割裂区分开。

三、进一步加强政策宣传和教育引导

……

3. 加强对学生的诚信教育。要教育引导学生如实反映家庭经济困难情况，既不应隐而不报，更不能夸大虚报。对申请资助时弄虚作假的学生，要以适当方式予以惩戒。

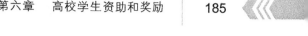

## 五、给辅导员的建议

首先，辅导员在认定家庭经济困难学生的情况时，需要召开班级会议，在班会时向所有同学讲清国家具体的文件要求，说明认定的主要依据。在评定困难学生时以民主评议小组为主，让评选结果尽量公平公正。

其次，加强对学生的感恩诚信教育，提高学生的诚信意识和感恩意识。要教育引导学生如实反映家庭经济困难情况，既不应隐而不报，更不能夸大虚报。同时，告诫大家，学校会严肃查处弄虚作假的学生，一旦发现会予以严厉惩戒，并取消评选资格。教育学生不能把贫困补助当作天上掉的“馅饼”，应当以一颗感恩的心去看待国家和社会的帮助，并且要学会自己“挣饼”吃，而不是依赖别人给的“饼”。

最后，通过与班委干部、同学、任课教师、学生本人的个别访谈等方式，深入、直观地了解学生真实家庭经济状况，及时发现那些困难但未受助、不困难却受助的学生，及时纠正认定结果存在的偏差，及时更新家庭经济困难学生档案，尤其是突然遭遇变故的学生家庭，要格外关注。

## 第四节 高校如何应对学生助学贷款违约情况

### 一、案例简介

2015年8月，江西的小魏（化名）如愿收到了上海某大学的录取通知书，但由于家中还有正在上中学的弟弟和妹妹，小魏不想加重父母的负担，从高中班主任那里了解到大学生可以申请助学贷款，便申请了国家生源地贷款，一年贷款8000元。大学四年来，小魏共贷款32000元。2019年7月，小魏毕业后，按照还款规定，小魏需要在每一季度最后一个月的20日还本付息。如果未及时还款，将被视为贷款逾期。而逾期次数将会影响到个人征信报告的诚信记录，直至贷款彻底还清之前。小魏因为错过还款期限没有及时还款，造成6次贷款逾期。2020年5月，小魏前往某商业银行办理贷款业务时，由于征信记录上的几次逾期还款记录，银行拒绝为其办理业务。

### 二、合法性分析

本案例的法律焦点主要在于：高校学生助学贷款违约的后果有哪些？

近年来，作为高校资助体系的重要组成部分，高校助学贷款在我国各大高校的实际运用较广，对于实施科教兴国战略、加速人才培养具有重要的意义。高校助学贷款具有鲜明的政策性，高校学生申请助学贷款后，可以享受低利息、就读期间财政贴息、借还手续方便、还款时间较长等一系列优惠政策。不少家庭经济困难的学生通过这一政策实现了自己顺利就读大学的愿望。

在享受资助的同时，贷款学生承担按照指定用途使用贷款、按时还款等义务。实践中，大学生在毕业后还贷时的失信情况较为普遍。如果不按照合同约定及时还款，将产生以下不良后果：

第一，对于高校而言，学生的还款率/违约率与高校下一年度贷款额度范围密切相关。相关部门会以上一年度高校的整体还款率/违约率为依据，来限定下一年度高校的贷款额度。因此，如果高校的违约率高或者还款率低，则会影响部分学生下一年度再次申请助学贷款。此外，大学生助学贷款违约还涉及高校风险代偿等问题。

第二，对于银行而言，高校学生助学贷款违约将会增加经办银行工作人员的工作，银行有权依照合同的约定向欠款学生催收贷款。

第三，对于学生个人而言，助学贷款违约会产生以下不良后果：

其一，利息按照违约计收罚息。未按贷款合同约定按时归还贷款本金的，根据实际逾期金额和逾期天数计收罚息，罚息利率为正常借款利率的130%。这属于失约或者违约惩戒。

其二，助学贷款违约的，高校可能会将违约学生的信息载入毕业生学历查询系统，并向违约学生及共同借款人就业单位通报违约情况。这将对违约学生的就业产生较大影响。

其三，对于多次逾期、恶意拖欠贷款的，经办银行会将违约学生及共同借款人信息载入人民银行个人征信系统。违约数据一旦报送具有不可逆转性，一旦被载入个人征信系统，将直接限制违约学生及共同借款人的个人信用卡、购房、购车贷款、银行开户等几乎所有与金融机构有关的金融产品的申请与使用，将严重影响违约学生及共同借款人的正常工作生活。

其四，当违约情节特别严重时，有关行政管理部门和银行将会通过新闻媒体和网络等信息渠道公布违约学生的姓名、身份证号码、毕业院校及具体违约行为等信息。经办银行也将会向人民法院提起诉讼，违约学生将可能承担相应的法律责任，不仅要支付银行利息、罚息、滞纳金、起诉费用等一系列费用，还可能会追究其刑事责任。

## 三、预防路径

针对屡屡发生的贷款学生违约现象，应当积极采取措施予以预防，以充分发挥助学贷款“不让一个学生因家庭经济困难而失学”的制度功能，增强资助育人的实效性。

第一，健全完善助学贷款的相关规章制度。

要想使助学贷款更好地发挥作用，就必须使该项政策法治化。可以借鉴其他国家相关政策的先进经验，制定出台更为严谨合理、完备统一的规章制度，健全、规范助学贷款的运行机制和工作体制，完善监管和处罚措施，促进助学贷款持续健康稳定发展。

第二，银行应当增强风险防范的能力。

银行应当加强与政府、学校的联系和配合，创建弹性多元的还款方案，例如，设置一定期限的免息还款缓冲期，化解助学贷款的还贷风险；完善还款手续，简化还款流程，建立还款约束机制，有效提高助学贷款政策的效用。

第三，高校应当健全资助工作的运行机制，集中精力做好诚信教育和法治意识培养等育人工作。

其一，高校应当健全资助工作的运行机制，配备专业的资助人才队伍；应当普及助学贷款相关知识，加大优惠政策和申请程序宣传，积极组织学生申请贷款，培养学生养成科学信贷的观念；应当强化资助工作者的审核材料等贷前职责以及监督贷款使用、协助催缴贷款等贷后管理职责。

其二，高校应当加强学生的诚信教育，强化学生的诚信意识和法治意识，教育学生用良好的信用赢取光明的未来。为此，高校可以通过积极组织开展主题教育、主题班会、观看电影等活动，在校园内弘扬诚信典型，营造诚信氛围，增强学生的诚信观念和责任意识。对于不诚信的现象，应当依法纳入学生个人诚信档案。

其三，高校还应当加强与申请贷款学生的联系，及时通报还款信息，告知学生积极结清所欠贷款，以免学生出于毕业或者其他原因更换手机后，无法及时了解政策动态，进而使学生的个人信誉受到影响。

## 四、关联性法律法规政策

1.《中华人民共和国高等教育法》(中华人民共和国主席令第23号)

**第五十五条** ……国家设立高等学校学生勤工助学基金和贷学金，并鼓励高等学校、企业事业组织、社会团体以及其他社会组织和个人设立各种形式的助学金，对家庭经济困难的学生提供帮助。

获得贷学金及助学金的学生，应当履行相应的义务。

2.《普通高等学校学生管理规定》(中华人民共和国教育部令第41号)

**第六条** 学生在校期间依法享有下列权利：

……

（三）申请奖学金、助学金及助学贷款；

……

**第七条** 学生在校期间依法履行下列义务：

……

（四）按规定缴纳学费及有关费用，履行获得贷学金及助学金的相应义务；

……

3.《中国银监会办公厅关于建立助学贷款违约统计制度的通知》（银监办发〔2008〕14号）

为进一步改善银行助学贷款服务，促进助学贷款业务稳健发展，银监会决定建立助学贷款违约统计制度，定期收集、汇总助学贷款违约客户情况，并向有关机构通报，逐步完善助学贷款的配套机制，努力构建助学贷款发展的良好信用环境。

4.《教育部办公厅、国家开发银行股份有限公司办公厅关于加强国家开发银行生源地信用助学贷款管理工作的通知》（教资助厅〔2012〕1号）

三、加强贷后管理工作，努力实现“应还尽还”

1. 诚信教育。各有关单位要对贷款学生开展形式多样的诚信教育与信用宣传活动，培养学生诚实守信意识。县级学生资助管理机构、高中要充分利用贷款办理环节，通过资料发放、网络宣传、现场解答等方式，向贷款学生和共同借款人普及信用知识；高校应利用征文、讲座、演讲比赛、舞台剧等多种方式，对贷款学生开展诚实守信教育活动。

5.《教育部、财政部、中国人民银行、银监会关于完善国家助学贷款政策的若干意见》(教财〔2015〕7号)

一、完善贷款政策，切实减轻借款学生经济负担

……

(四)建立国家助学贷款还款救助机制。各省级学生资助管理部门、各高校要合理利用国家助学贷款风险补偿金结余奖励资金、社会捐资助学资金或学生奖助基金，建立国家助学贷款还款救助机制，用于救助特别困难的毕业借款学生。对于因病丧失劳动能力、家庭遭遇重大自然灾害、家庭成员患有重大疾病以及经济收入特别低的毕业借款学生，如确实无法按期偿还贷款，可向经办机构提出救助申请并提供相关书面证明，经办机构核实后，可启动救助机制为其代偿应还本息。

……

6.《国务院办公厅关于加强个人诚信体系建设的指导意见》(国办发〔2016〕98号)

二、加强个人诚信教育

……

(四)全面加强校园诚信教育。将诚信教育作为中小学和高校学生思想品德教育的重要内容。鼓励高校开设社会信用领域相关课程。支持有条件的高校院所开设信用管理相关专业。推动学校加强信用管理，建立健全18岁以上成年学生诚信档案，推动将学生个人诚信作为升学、毕业、评先评优、奖学金发放、鉴定推荐等环节的重要考量因素。针对考试舞弊、学术造假、不履行助学贷款还款承诺、伪造就业材料等不诚信行为开展教育，并依法依规将相关信息记入个人信用档案。

……

## 五、给辅导员的建议

首先，学生在校期间，辅导员应向学生讲清楚助学贷款的具体还款事项，并讲清按时还款的重要性以及逾期还款的不利影响，让学生足够重视。

其次，要及时联系逾期未还款学生，了解具体情况。如果该学生确实是因为家庭经济情况不能还款，辅导员要与其一起想办法解决问题，例如可与银行联系，签订延期还款协议等。

再次，辅导员要定期提醒学生还款事宜，毕业学生事情繁杂，可能忘记还款，辅导员要定期提醒学生，提前通知，让学生有足够的缓冲时间。

最后，辅导员要做好诚信教育，让学生明白不诚信造成的拖欠还款可能给以后的工作和生活造成的危害，让其明白及时还款、保持诚信的重要性。

# 第七章 高校学生毕业就业工作

对于国家和社会而言，就业是保障民生的根本要求、维持国家社会稳定的基本战略。应该说，保障高校学生的就业不仅影响大学生个人价值的实现，也影响国家与社会的稳步前行。2020 年新冠疫情的暴发冲击着各行各业的发展，就业市场所能提供的工作岗位减少，巨大的经济压力给高校学生就业带来了巨大的挑战。因此，通过推进高校学生毕业、就业工作法治化，依法、规范地促进高校学生顺利毕业和稳定就业，对于学生、高校、社会乃至国家发展都发挥着不可替代的作用。

# 第一节　高校学生毕业就业工作法治化概述

毕业的一头紧紧连接着就业。在就业市场竞争日益激烈、求职学历门槛逐步提高的情况下，顺利毕业并取得毕业证书和学位证书，是绝大部分高校学生实现就业的前提。同时，顺利毕业并不单是学生个人的事情，高校能否有序规范地开展毕业工作，为学生毕业保驾护航，同样关系重大。

## 一、概念

根据《高等教育法》，高等学校的学生思想品德合格，在规定的修业年限内完成规定的课程，成绩合格或者修满相应的学分，准予毕业。根据《普通高等学校学生管理规定》，学生在学校规定学习年限内，修完教育教学计划规定内容，成绩合格，达到学校毕业要求的，学校应当准予毕业，并在学生离校前发给毕业证书；符合学位授予条件的，学位授予单位应当颁发学位证书。

对于大部分具有学籍的学生来说，在学业期限内完成学校规定的学习任务，符合学校规定的人才培养方案，即可顺利毕业并获得相应的毕业证书。但是高校的学生毕业工作，并不单指对达到培养标准的学生发放学历证书，还包含依据《学位条例》等法规对符合要求的学生授予学位，以及发放学位证书、转递学生档案、迁移户口、转接党团组织关系等具体事务。在高校学生毕业管理过程中还有其他与毕业紧密联系的环节，如结业、肄业等。结业，指的是高校学生在学校规定的学习时间内，虽然顺利完成了学校教育教学计划所规定的主要内容，但尚未达到学校最终的毕业要求，学校只能给予学生结业证书而非毕业证书。在结业后学校可以具体规定学生日后补考、重修或者补毕业设计、论文、答辩以及后续颁发毕业证书、学位证书等相关事宜。合格后颁发毕业证书、学位证书，毕业时间、获得学位时间按发证日期填写。肄业，是指学生在学校学满一学年以上退学，未修完教育教学计划规定内容，由学校颁发肄业证书而结束学业。

就业工作，也称就业创业工作，相关法律法规对这一概念并未具体展开，其基本可表述为：由高校学生就业指导服务部门牵头，与学校其他部门相配合，依照有关法律法规和政策规定，通过统一化管理、个性化指导、精准化服务相结合的方式，共同促进大学生良性就业创业等一系列工作的总称。由于部分地区将创业视为就业的一种形式，因而各地高校就业工作部门存在不同称谓，如就业指导服务中心、就业指导中心、就业创业指导服务中心等，但实际上彼此间的职能差别不大，即均以指导和服务为主、管理为辅。

## 二、法律规范

根据《高等教育法》，高校应当履行管理毕业生就业、提供相关就业指导的职责。根据《普通高等学校学生管理规定》，学生可以要求学校提供与就业方向相关的指导服务，由此可以看出，指导学生合理就业是高校的法定职责，高校应当为毕业生提供全方位的指导与服务，以促进毕业生充分、高质量地就业。但目前有关高校就业工作内容和职责的具体规定，除了在《普通高等学校毕业生就业工作暂行规定》里集中稍作展开，大多散见于各类意见、办法、通知等政策性文件中。由于高校学生就业工作具有较强的政策和时代色彩，不同时期具有不同的导向，经过对各类法律文件和政策文件梳理总结，可将高校就业工作内容大致归纳为以下几个方面。

### （一）管理工作

高校就业工作中的管理工作主要包括以下几个方面：第一，高校应当依据国家颁布的有关高校学生就业的宏观方针、战略政策和法律法规以及学校行政部门的工作意见，合理规范高校内的具体就业管理规定。同时，高校的就业管理部门应当积极承担本校毕业生资格审查、报送毕业生就业情况给当地的行政部门以及人才管理部门等工作。第二，高校就业管理部门应当广泛收集学生的就业需求信息并定期开展应届生以及用人单位的“双选会”，积极组织应届毕业生就业工作；向学生提供就业推荐表，争取做到为各个用人单位提供真实、全面、准确的毕业生就业信息；针对毕业生的就业需求，高校应当促进和保障毕业生和用人单位之间签订就业协议书，并引导学生制定完备的就业计划和进行合理的就业派遣；做好档案户口关系转接工作。第三，高校的就业管理部门应当定期制定并颁布高校学生就业管理信息以及年度就业质量报告并协助高校学生妥善办理离校手续，积极组织有关高校毕业生就业的相关调查研究以及行政主管部门所要求的其他事项。

### （二）服务工作

高校就业工作中的服务工作主要包括：第一，高校应该增进校园信息服务质量，通过校园网络平台及时有效地给予学生了解当前社会就业现状、国家就业政策的渠道；第二，学校应当着重帮助零就业家庭、农村贫困户以及城乡低保家庭等在毕业上存在困难的应届生；第三，高校应当扎实落实离开学校但尚未就业的毕业生档案、户口等后续服务，为那些具备就业意愿以及就业能力的毕业生、结业生拓展信息渠道，以便其更好地了解当前工作的岗位信息以及相应的岗前培训；第四，高校应当继续补充学校创新创业教育领域的资金投入和政策扶持，积极促进高校创新创业社会实践教育，为学生创新创业项目提供资金以及经验上的扶持等；第五，高校应当针对毕业生的创业就业相关事由进行完备的调查检验工作。

### （三）指导工作

高校就业指导工作分为以下内容：第一，高校就业管理部门应当积极宣传国家有关高校学生就业创业的战略政策，指引带领高校应届毕业生建立正确的就业理念，积极促进毕业生前往我国各乡村基层、西部地区以及国家亟须发展的地域去创造更高的社会价值；第二，应当鼓励学生更多更好地参与到由学校统一组织的创新创业指导课程中来，不断提高创新创业指导课程的教学内容，改革与发展创新创业指导教学方法和考核形式，不断打造新的教育队伍，培养、提高教师的教学能力与教学理念；第三，为高校应届生创造社会创新实践实习机会，提供创业基地等基础设施的有力保障。

## 三、研究意义

高校学生毕业、就业工作涉及学生的档案转递、户口迁移、学历和学位的取得等切身利益，关系到学生的发展方向，也关乎学生的前途命运。就业问题一直是党和国家及社会关注的热点问题。进入新时代，随着社会经济的快速发展和高等教育的深入改革，高校与学生、高校与用人单位以及高校、学生、用人单位三者之间出现了很多新情况、新问题，而现行的相关法律规定由于相对滞后而对此无力调节。实践中一些高校由于未依法规范地开展毕业、就业工作，引起不少学校与学生间的纠纷，以至于母校与学子对簿公堂的案件屡见不鲜。

能否做好大学生毕业和就业工作，为国家和社会持续输送人才，直接体现了一所高校学生管理水平和人才培养质量的高低。因此，推进高校学生毕业、就业工作法治化意义深远。完善相关法律法规和依法健全学校学生管理的规章制度，使大学生毕业和就业工作在法治轨道上开展，成为一种迫切需要。

# 第二节　高校如何应对毕业生档案移转中的材料丢失问题

## 一、案例简介

2020年7月，刘某本科毕业，但毕业后未找到工作，因此，刘某将其个人档案由学校转到了H市人才服务中心。8月3日，H市人才服务中心接收到刘某的个人档案，但工作人员在整理刘某的个人档案时，由于疏忽大意，并未发现其个人档案中缺失了高中档案，因而人才中心并未及时将材料退回，也未联系或通知学校。2021年3月，刘某因工作需要到人才服务中心咨询档案转档问题，人才服务中心再次核实档案时才发现其中并无高中档案。刘某随即联系学校的学籍档案管理处，负责人也表示对此事毫不知情。直至2021年10月，经申请，刘某曾就读的中学将留档保存的学籍表复印并加盖公章，提供给人才服务中心归入刘某的个人档案。但因时间久远，已无法确定是否缺失其他高中档案材料。事后，刘某认为学校和人才服务中心在档案转递、存管过程中，基于各种原因造成档案材料丢失，事后不及时通报和迟迟不补办，应该为此承担相应的责任，要求学校和人才服务中心赔偿其经济损失并赔礼道歉。经两级法院审理，最终法院认为刘某的各项请求无法律依据，均不予支持。

## 二、合法性分析

本案例是因学生档案材料丢失而引起的法律纠纷，其法律焦点主要在于：（1）在毕业生档案转递中学生档案材料丢失，高校是否应当承担责任？（2）造成档案材料丢失的相关工作人员应当承担什么责任？（3）高校和人才服务中心在档案管理上存在哪些问题？

第一，学校应当依法承担因学生档案材料丢失而产生的法律责任。

学生档案在学生的日常校园生活乃至日后就业发展的过程中都是一项极其重要的文书凭证。首先，就学生自身而言，学生档案不仅能够展现学生在校期间的多方面综合素质能力，也可以作为学生家庭社会关系的重要凭证以及学校考察、培养学生的第一手材料。其次，就国家和社会的角度而言，国家和社会选贤举能主要是依据高校学生在校档案进行核查筛选。最后，就学生的日后发展而言，学生档案是每位学生由学校走向社会的过程中形成的基础性文件。在具体的社会实践中，学生档案往往事关毕业生申请转正定级、计算工作年龄、评定职称、落户、办理社会保险、考研读博、外出深造以及退休养老等诸多具体事项。根据《档案法》《档案法实施办法》及《高等学校档案管理办法》的规定，学校应当围绕单位档案工作建立健全完备的制度体系以促进和确保高校学生档案工作的有效管理。

本案例中，学校或人才服务中心应当补办学生档案并承担赔偿损失的责任。根据《档案法》的规定，假如由于学生档案丢失造成学生财产利益的减损或者其他损害的，相关人员应当承担民事赔偿责任。后果极其严重的，可能要承担相应的刑事责任。根据《最高人民法院关于人事档案被原单位丢失后当事人起诉原用人单位补办人事档案并赔偿经济损失是否受理的复函》，保存档案的相关部门应当妥善保存档案，出现违规遗失他人档案的情形应当承担相应的民事责任。依据上述规定，如果是由于学校档案管理部门的主观过失导致学生的财产利益减损或者其他期待利益落空，应当依据其主观过失程度向损失人承担相应的民事赔偿责任。

第二，相关档案保管人员假如出现违反妥善保管义务的情形应当承担行政责任，后果特别严重的还应当承担刑事责任。

根据《高等学校档案管理办法》的规定，玩忽职守，造成档案损坏、丢失或者擅自销毁档案的，高等学校应当对直接负责的主管人员和其他直接责任人员依法给予处分；构成犯罪的，由司法机关依法追究刑事责任。学校相关工作人员玩忽职守、严重失职，造成档案丢失的，应当依法给予行政处分，构成犯罪的还须承担刑事责任。本案例中，如果查明是由于学校的相关工作人员的严重失职，导致档案材料丢失，那么直接负责的主管人员和其他直接责任人员可能要承担行政责任甚至刑事责任。

第三，高校和人才服务中心在档案管理上存在一定漏洞。

根据《普通高等学校学生管理规定》，高校档案部门应当定期及时检查学生的档案并对相关保管人员进行考核与评估，针对具体档案工作进行培训强化，增强相关工作队伍的责任意识，从整体上提高高校档案管理水平。在本案例中，H市人才服务中心在初次整理中并未发现刘某档案中没有高中档案。刘某的档案材料是在H市人才服务中心接收前已存在缺失，还是在人才服务中心接收并启封后丢失，已无从核实。材料究竟在哪个环节丢失，双方都不能说明情况，这其实暴露出高校与人才服务中心在毕业生档案对接过程中存在较大的管理漏洞。

## 三、预防路径

第一，利用多重途径在校园宣传学生档案的重要性，引起学生和档案管理工作人员的重视。

常见的毕业生档案丢失的情形有：（1）高校将档案转递给用人单位或者原籍毕业生档案管理部门的时候，接收单位收到档案后没有及时录入系统或者登记在案，导致后续无法查询毕业生档案的去向，导致死档；（2）部分高校违反档案管理规定，将学籍档案交给毕业生本人，毕业生在保管的过程中丢失档案；（3）高校在合并和搬迁的过程中，因保管不善导致毕业生档案丢失；（4）一些人为不可控因素导致的后果，如火灾、水灾或地震等造成的档案丢失或灭失。学校应当加强校园宣传，强调毕业生档案本身和档案去向的重要性，原则上毕业生离校应做到“档随人走”。

第二，高校应当加强档案材料丢失的补救措施的规范化和流程化。

通常情况下，大学档案包含入学体检表、学生成绩单、高等院校毕业生登记表、学生登记表、授予学士学位审批表、普通高等院校专本科毕业生就业报到证、入学报名登记表、高考材料及高中学籍档案等。但不同高校在档案归入材料上有所区别，因此补办材料时要根据实际情况，例如，毕业论文答辩表和毕业论文，很多高校会将其归入档案，但也有部分高校并不会归入。同时，高校要明确学生档案丢失的补办流程。一般包括以下步骤，第一步，回学校档案馆，查询当年的转档记录；第二步，根据转档记录，去相关单位查询档案的去向；第三步，如果学校没有转档记录，直接申请补办；第四步，先去教务处补办成绩单，然后去学生处领取毕业生登记表，填表后去学院盖章；第五步，拿着补办的成绩单和毕业生登记表去学校档案馆复印当年入学时的招生录取花名册，将这三种材料放入档案袋，由大学档案馆密封盖章。

第三，高校应当着力于构建完备明晰的学生档案管理制度。

学校应严格遵守《档案法》《档案法实施办法》《高等学校档案管理办法》等规范依据，构建一套完备高效的学生档案管理制度。例如，采用档案馆统一管理的模式，严格规范档案的归档、使用、查阅、保管、检查、转递制度。学校在转递毕业生档案前，应当按照规定组织人员检查学生档案材料的完整性，并及时反馈、记录情况，避免一旦在转递过程中档案材料丢失，出现交接双方责任不清的状况。

## 四、关联性法规政策

1.《中华人民共和国档案法》(中华人民共和国主席令第 47 号)

**第五十一条** 违反本法规定，构成犯罪的，依法追究刑事责任；造成财产损失或者其他损害的，依法承担民事责任。

2.《中华人民共和国民法典》(中华人民共和国主席令第 45 号)

**第一百七十九条** 承担民事责任的方式主要有：

（一）停止侵害；

（二）排除妨碍；

（三）消除危险；

（四）返还财产；

（五）恢复原状；

（六）修理、重作、更换；

（七）继续履行；

（八）赔偿损失；

（九）支付违约金；

（十）消除影响、恢复名誉；

（十一）赔礼道歉。

法律规定惩罚性赔偿的，依照其规定。

本条规定的承担民事责任的方式，可以单独适用，也可以合并适用。

**第一千一百六十五条**　行为人因过错侵害他人民事权益造成损害的，应当承担侵权责任。

……

3.《高等学校档案管理办法》（中华人民共和国教育部令第 27 号）

**第十四条**　高等学校应当建立、健全档案工作的检查、考核与评估制度，定期布置、检查、总结、验收档案工作，明确岗位职责，强化责任意识，提高学校档案管理水平。

**第十五条**　高等学校应当对纸质档案材料和电子档案材料同步归档。文件材料的归档范围是：

……

（三）学生类：主要包括高等学校培养的学历教育学生的高中档案、入学登记表、体检表、学籍档案、奖惩记录、党团组织档案、毕业生登记表等。

……

4.《档案法实施办法》（中华人民共和国国务院令第 676 号）

**第五条**　……机关、团体、企业事业单位和其他组织应当加强对本单位档案工作的领导，保障档案工作依法开展。

5.《最高人民法院关于人事档案被原单位丢失后当事人起诉原用人单位补办人事档案并赔偿经济损失是否受理的复函》(〔2004〕民立他字第47号)

保存档案的企事业单位，违反关于妥善保存档案的法律规定，丢失他人档案的，应当承担相应的民事责任。档案关系人起诉请求补办档案、赔偿损失的，人民法院应当作为民事案件受理。

## 五、给辅导员的建议

首先，辅导员在得知学生档案丢失后，应联系学生了解档案转接的具体情况，帮助学生共同联系当地人才服务中心和学校相关部门，看是否能找到档案。

其次，如确认档案已经丢失且无法找回，则给学生开具档案丢失证明，并协助学生补办相关档案材料。如果丢失的是高中的材料，则协助学生联系高中所在学校相关负责人，补齐所缺材料；如果丢失的是大学入学后的材料，则主要由辅导员和相关负责人来办理补办。

最后，辅导员要对毕业学生档案转接事项引起足够重视，并单独联系班级其他毕业生，强调其档案的重要性，以及确认档案是否已经成功转交到当地人才服务中心或工作单位。在后续工作中要逐渐加强对毕业学生档案的管理，防止学生档案丢失。

# 第三节　高校对于违约的学生能否给予相应的处理或限制

## 一、案例简介

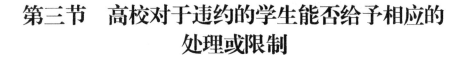

小静（化名）是K市某重点大学的大四学生。2019年12月，小静参加了学校组织的冬季招聘会，并与当地A企业签订了就业协议书，并将三方协议交至学院。但在2020年4月学校的春季招聘会中，小静看到了更多更好的单位也在招聘，当地知名企业D企业也在其中，小静便又试着去参加了D企业的面试，没想到也通过了。小静陷入了两难选择的境地：一方面，已经与A企业签订了就业协议；另一方面，D企业在薪资待遇、未来发展等方面都优于A企业。小静在咨询家人和朋友的意见之后，决定提出违约，支付相应的违约金。虽然小静也向A企业赔付了相应的违约金，但由于A企业当时在招聘会的招聘计划名额本就很少，小静的违约使得A企业的招聘计划未能完成。A企业的招聘负责人在后续透露出，A企业决定之后的招聘名额会优先投放同城另一所高校。

实际上，尽管学校经常规劝学生在签约工作时三思而后行，但每年还是有相当一部分学生选择违约。从长期来看，如果一所学校里每年都有毕业生违约，会让用人单位对学校的诚信产生怀疑，影响用人单位与学校之间的长期合作，进而导致招聘名额减少，影响以后毕业生的就业。

## 二、合法性分析

本案例反映了高校毕业生单方面违反就业协议而带来的问题，其法律焦点主要在于：（1）毕业生小静单方面违反就业协议并承担高额违约金，是否合法？（2）学校需要对毕业生的违约行为承担法律责任吗？（3）学校对毕业生小静的违约行为，能否予以相应的处理或限制？

第一，毕业生小静单方面违反就业协议，违反了当事人双方所约定的义务，应当支付合同所约定的违约金。需要注意的是，违约金的数额应尽量满足填补原则，不得严重超过实际损失的范围。

就业协议书是高校毕业生、用人单位和学校三方之间针对学生就业过程中权利义务关系签订的书面协议，实践中往往称作“三方协议”。根据《关于修订〈普通高等学校毕业生就业协议书〉若干意见的通知》，就业协议书指的是高校毕业生与相关用人单位之间相互磋商协议所确定的，为将来正式建立劳动人事关系明确双方权利和义务而达成的书面协议。就业协议对于高校毕业生和用人单位而言都十分重要。首先，对用人单位而言，就业协议协助其有效调查认识毕业生的真实信息，同时也可以作为其接收毕业生的书面凭据；其次，对高校而言，就业协议可以帮助学校毕业生管理部门统计学校毕业生信息、编制学校就业方案以及帮助毕业生在其工作地区及时进行落户等。

一般来说，就业协议应当满足《民法典》所规定的合同基本构成要件：双方当事人之间应当作出自由并且准确的意思表示；双方协商约定的内容不能违反法律、法规的强制性规定。双方对就业协议的内容达成一致之后，应当严格遵循签订的就业协议中所规定的具体义务。同时，《关于修订〈普通高等学校毕业生就业协议书〉若干意见的通知》明确指出，用人单位与高校毕业生可以在就业协议书中约定违约责任等。支付违约金是违约责任的一种，因此在就业协议中约定违约金并不违反相关规定。此外，就业协议并非劳动合同，法律意义上的劳动合同约定主要是劳动者与用人单位确认双方劳动关系之后的具体法律关系，正式劳动合同在合同性质、具体内容以及法律效力等各方面与就业协议都存在较大差异。从法律本质来说，就业协议仍然属于意向性协议，就业协议签订的主要目标在于将来能够签订劳动合同。因此，基于就业协议自身的法律属性而言，其很显然不能参照适用《劳动合同法》的相关规定，但可以参照适用《民法典》合同编通则的规定。假如双方当事人可以在就业协议中明确约定违约金的数额以及承担情形，任何一方违反协议中的约定就理应承担赔偿违约金的责任。当然，根据《民法典》的规定，就业协议所约定的违约金的数额范围不能明显超过合理范围，假如协议所达成的违约金的数额明显高于实际违约造成的损失，当事人双方可以诉请法院适当减少违约金的数额。

第二，毕业生小静的违约行为不代表学校的行为，学校不需要对毕业生的违约行为承担任何法律责任。

虽然很多人往往将就业协议称为毕业生、高校、用人单位三方法律主体之间的“三方协议”，但就业协议本质属于明晰毕业生与用人单位之间民事法律关系的双方合同，而非所谓的三方民事法律关系，其合同主体是毕业生和用人单位。高校扮演的主要是辅助性的作用，其任务主要包括毕业生资格审查、就业推荐等，所以高校方一般不会加入学生与用人单位之间具体内容的协商制定，而仅扮演鉴证的角色，主要负责在用人协议书上盖“鉴证章”的任务，并依据用人协议的主要内容为双方做好相关就业服务管理的手续，如帮助学生办理相关报到证的签发、就业落户等手续及传递档案等相关业务。对高校自身而言，就业协议能够有效帮助校方确认毕业生与用人单位间的就业关系是否属实、是否符合法律法规的要求，从而为学校就业派遣提供参考依据。因此，学校不需要对毕业生的违约行为承担任何法律责任，但应加强对学生签约行为的引导和管理。

第三，学校对毕业生小静的违约行为，可以予以相应的处理或限制，但不能违反上位法的规定。

就业失信不只是学生个人的事情，还会给各方带来不利影响。一方面，对企业来说，就业失信使得就业机会浪费，额外增加了招聘的成本，最终影响了企业的正常运转。另一方面，对学校来说，就业失信会影响学校的声誉，导致用人单位对学校的教育产生疑问，以至于企业会降低同学校合作的意愿。另外，对学生个人来说，就业失信会影响其自身的诚信，在二次就业时，增加用人单位对其的信任危机，严重的则会被行业记入黑名单。实践中，为了避免学生大量违约、随意违约，各省级高校毕业生就业工作主管部门和高校大都出台了相关规定，通过限制就业协议书的申请次数来引导毕业生谨慎、诚信签约。如不少省份出台文件规定，学生只有两次申请就业协议书的机会，且在第二次申请使用就业协议书时，需要提供用人单位出具的解约函等证明材料。实践中，只有在学生履行完支付违约金等违约责任后，用人单位才会向学生出具解约函。虽然《宪法》《就业促进法》赋予了公民自主择业的权利，但学校依据省级教育部门的规范性文件限制学生申请使用就业协议书的次数，并未违反上位法。因为自主择业权并不意味着择业不受任何限制，就业主管部门和学校的就业管理、服务资源有限，随意签约、毁约必定会影响国家正常的就业管理秩序，也会损害用人单位的利益和学校的声誉，所以需要给予这一权利适当的限制。但学校在发放就业协议书时应当明确告知学生相应的义务，并将告知事项记载于就业协议书中。

## 三、预防路径

第一，高校应当加强对毕业生的诚信教育和职业规划教育。

引导大学生逐渐正确认识自己，找准自己发展的方向，树立正确的择业观，开展科学的职业生涯规划。宣传随意签约违约的危害，正确看待就业协议中的违约金等违约条款，倡导理性签约、诚信履约。当就业协议约定毕业生一方违约须承担高额违约金，明显超过自身经济承受能力时，应当慎重签订，及时向招聘单位提出异议，协商修改不公平条款，或选择放弃签订。

第二，淡化就业协议书中高校管理主体地位。

目前，高校作为就业协议书中的一方，不享有或承担民事上的权利义务，就业协议本质上是用人单位和毕业生的双方民事协议，这样一来，学生一旦违约会牵连高校，影响学校的声誉。因此，一些地方教育部门已经出台相应规范性文件，明确不再采用三方协议，而采用只有用人单位和学生作为主体的双方协议，学校仅作为鉴证方，提供后续就业服务，但这些做法与现有的教育部规定有所冲突。因此，建议修订教育部有关规定，淡化高校的监督管理义务，高校主要承担签发就业协议前的学生资格审核义务和签约后的就业服务义务。

第三，高校可以探索建立就业诚信记录，留存学生的就业协议签约违约情况。

就业主管部门可以借助信息化手段，建立学生就业诚信记录。例如，广东省在毕业生就业管理上，创建了一套关于学生就业诚信记录的系统。毕业生在系统上申报就业协议书后，会生成唯一的协议书编码，一旦毕业生要违约，就需要按照流程在小程序上申请新的就业协议书。系统对此会自动留存记录，可供用人单位查询。

## 四、关联性法规政策

1.《中华人民共和国民法典》（中华人民共和国主席令第45号）

**第一百八十六条** 因当事人一方的违约行为，损害对方人身权益、财产权益的，受损害方有权选择请求其承担违约责任或者侵权责任。

**第五百八十五条** ……约定的违约金低于造成的损失的，人民法院或者仲裁机构可以根据当事人的请求予以增加；约定的违约金过分高于造成的损失的，人民法院或者仲裁机构可以根据当事人的请求予以适当减少。

……

2.《关于修订〈普通高等学校毕业生就业协议书〉若干意见的通知》（教学司〔2009〕28号）

一、就业协议书的定位和作用

就业协议书是普通高等学校毕业生和用人单位在正式确立劳动人事关系前，经双向选择，在规定期限内就确立就业关系、明确双方权利和义务而达成的书面协议；是用人单位确认毕业生相关信息真实可靠以及接收毕业生的重要凭据；是高校进行毕业生就业管理、编制就业方案以及毕业生办理就业落户手续等有关事项的重要依据。

四、就业协议书的基本内容

……

3. 高校毕业生和用人单位约定的有关内容，可包括：工作地点及工作岗位；户口迁入地；违约责任；协议自动失效条款、协议终止条款；双方约定的其他事宜。

……

## 五、给辅导员的建议

首先，辅导员应该在毕业生在校期间，加强对学生的诚信教育和职业规划教育。引导大学生逐渐正确认识自己，找准自己的发展方向，树立正确的择业观，开展科学的职业生涯规划。宣传随意签约违约的危害，正确看待就业协议中的违约金等违约条款，倡导理性签约、诚信履约。

其次，如若学生违约，给学校和企业带来损失，应将学生情况上报给学校相关领导。听从学校和相关部门领导的安排，同时对违约学生予以告诫，并将其给学校带来的损失降到最低。

最后，通过班级群召开班级会议，再次给毕业学生强调理性签约、诚信履约，同时重点强调违约带来的不利后果。

# 第四节 高校如何应对毕业生创业失败问题

## 一、案例简介

小房（化名）和小绪（化名）是室友，同为C市一所重点大学2015级经济管理学院的学生。两人在大二上学期时，一同在学校里的名为“梦姐小吃”的小吃店里做兼职。2019年3月，临近毕业，两人一直没有确定工作，商量着拿出几年来做兼职的存款，合伙创业开一家商店。刚好了解到之前兼职的小吃店有意将店面转租出去。两人经过商量考察之后，便联系到了店长李女士。一周后，双方签订了转租合同，合同约定两人每月向李女士缴纳租金1000元，按月结算，享有小吃店一年的经营权，两人接收小吃店后的前两个月收入还较为可观。7月中旬，学校开始放暑假，由于假期学校的人较少，小吃店的营业额骤减，连每月需要缴纳的租金都不够。两人向家中借了一些资金，勉强度过了暑假。9月开学之后，本以为生意马上会好转，但在一次工商所执法检查中发现，小吃店竟未办理营业执照和卫生许可证，小吃店被要求停止营业。眼看积蓄所剩无几，两人也无力支付租房费用。11月，两人并未如期缴纳租金，李女士以两人违约为由终止合同，收回了小吃店并表示押金也不予退还。但两人认为，小吃店没有营业执照和卫生许可证，自己对此并不知情，后续签订的合同也理应无效。

## 二、合法性分析

该案例反映了因大学生创业失败而引起的法律纠纷，其法律焦点主要在于：（1）学校与校内开设的商业实体店在法律上是什么关系?（2）对于小房和小绪两人在校内创业失败，学校存在哪些问题?（3）小房和小绪两人应当如何维护自身的合法权益?

第一，学校有权依照校方规章制度，对校内开设的商业实体店进行管理。

根据《无证无照经营查处办法》的规定，任何单位或者个人从事经营活动都应当具备相关的由国家政府及其授权部门所颁发的行业执照执证。本案例中，小吃店未办理营业执照和卫生许可证，属于违法经营。但学校作为校园管理方，未对校内小吃店的资质尽到必要的审查，导致小吃店在未取得资质的情况下开业，并转给大学生经营，存在管理工作上的失职。

第二，学校开展大学生创业服务和指导工作不到位。

一方面，学校的创业教育和指导缺乏对学生法律知识的培训，学生的法律风险防范意识和能力不强，导致学生在选择经营场地上遭遇陷阱，最终走向创业失败。另一方面，对创业的学生，学校在学生创业经营范围和场地选择、资金筹集、风险防范缺乏必要的指导和帮扶。

第三，小房和小绪两人同李店长签订的转租合同无效，两人有权主张对方返还押金，并赔偿他们的相应损失。

小房和小绪两人接手的小吃店属于无证无照经营，双方之间的转租合同关系违反了效力强制规定，应当归于无效。根据《民法典》的规定，当事人之间的民事法律关系经由法院认定无效或由当事人行使撤销权予以撤销，当事人双方基于先前的行为所获得的不当得利应当予以返还。具体而言，假如不当得利的一方无法返还原有财产的，应当对损失方予以折价补偿。假如合同关系中的一方在主观层面上明显存在过失，则应当针对由此所受到的损失进行相应的赔偿；假如各方都存在过失的，则依据双方的主观过错程度各自承担相应的责任。据此而言，李店长应当向小房、小绪返还押金，并赔偿他们的相应损失。

## 三、预防路径

第一，高校应加强对大学生的创业指导，避免学生盲目创业。

目前，高校进行大学生创业指导时，主要集中于开展创业计划竞赛，在创业其他方面，诸如项目论证、资金筹措、产品质量控制、人际构建、法律法规以及政策风险等相关领域指导较少。除此之外，高校在组织有关创新创业教育的过程中，往往忽视了培育大学生树立创业创新的企业家精神。学校应当尽可能丰富创业教学的形式和方法，可以与当地商会联系邀请成功的企业家、风险投资人等相关领域佼佼者参与学校创业创新教育课堂，通过讲述他们切身的经历和经验，为大学生提供充分的创业咨询，更加深入了解创业需要面对的难题与考验，做好心理准备，避免盲目选择创业。

第二，高校应积极宣传普及有关创业领域的相关法律常识，确保高校学生在将来可能的创业过程中拥有良好的法律意识。

从学生层面来看，由于大学生法律知识匮乏，对公司的具体运作方式缺乏认识，往往忽略了创业的潜在商业风险。因此，学校应当通过宣传手册、讲座、培训会等形式，指导大学生在创业准备过程中，了解国家相关的优惠政策，学习相关的法律知识，提高合同意识和法律风险防范意识，提前意识到创业过程中可能遇到的商业问题与法律问题，以达到提高高校学生创业成功率的目标。

第三，高校应当主动提供学生创业所需的各项资金、场地、设备的经济资助，建立健全一套完整的大学生创业园区、孵化基地体系。

设立大学生创业风险基金，资助优秀的学生创新创业项目。建设大学生创业园，解决大学生创业缺乏经营场地、资金等的难题，由学校负责给学生提供场地、资金、设备等方面的支持，帮助学生进行工商税务登记并取得营业执照，合法合规运营。鼓励通过公司等有限责任组织形式，降低大学生创业失败的投资风险。

## 四、关联性法规政策

1.《中华人民共和国民法典》(中华人民共和国主席令第45号)

**第一百五十七条**　民事法律行为无效、被撤销或者确定不发生效力后，行为人因该行为取得的财产，应当予以返还；不能返还或者没有必要返还的，应当折价补偿。有过错的一方应当赔偿对方由此所受到的损失；各方都有过错的，应当各自承担相应的责任。法律另有规定的，依照其规定。

2.《国务院办公厅关于深化高等学校 创新创业教育改革的实施意见》(国办发〔2015〕36号)

二、主要任务和措施

……

（五）强化创新创业实践。

各高校要加强专业实验室、虚拟仿真实验室、创业实验室和训练中心建设，促进实验教学平台共享。各地区、各高校科技创新资源原则上向全体在校学生开放，开放情况纳入各类研究基地、重点实验室、科技园评估标准。鼓励各地区、各高校充分利用各种资源建设大学科技园、大学生创业园、创业孵化基地和小微企业创业基地，作为创业教育实践平台，建好一批大学生校外实践教育基地、创业示范基地、科技创业实习基地和职业院校实训基地。完善国家、地方、高校三级创新创业实训教学体系，深入实施大学生创新创业训练计划，扩大覆盖面，促进项目落地转化。举办全国大学生创新创业大赛，办好全国职业院校技能大赛，支持举办各类科技创新、创意设计、创业计划等专题竞赛。支持高校学生成立创新创业协会、创业俱乐部等社团，举办创新创业讲座论坛，开展创新创业实践。

……

3.《无证无照经营查处办法》（中华人民共和国国务院令第 684 号）

**第二条** 任何单位或者个人不得违反法律、法规、国务院决定的规定，从事无证无照经营。

## 五、给辅导员的建议

首先，辅导员应帮助学生共同联系学校相关管理部门以及小吃店的店主。由于小吃店未办理营业执照和卫生许可证，属于违法经营。但学校作为校园管理方，未对校内小吃店的资质尽到必要的审查义务，导致小吃店在未取得资质的情况下开业，并转给大学生经营，存在管理工作上的失职。因此，辅导员需要帮助学生及时联系学校相关部门，协商解决此事，维护学生的正当利益。

其次，在明确责任划分后，极力帮助学生挽回损失，并开导和鼓励学生，支持其创业的想法，但要给予学生实际的就业指导，帮助其树立法律意识，不盲目创业。

最后，辅导员通过此事件后，要加强对学生的创业指导，避免学生盲目创业。同时，教导学生创业不仅要了解国家相关的优惠政策，还需要学习相关的法律知识，提高合同意识和法律风险意识，提前防范创业过程中可能遇到的法律问题，从而提高创业成功率。

# 第八章 高校学生活动和行为规范

## 第一节 高校学生活动和行为规范法治化概述

学生活动是自我塑造、自我教育、自我管理的舞台，是校园文化的缩影，某种程度上来说，高校学生活动的质量和发展直接影响着学校人才的培养。大学生正处于思想活跃、个性张扬的成长期，在学生活动中能展露才华、收获进步，促进学生的综合素质发展。但部分高校的学生活动由于未能依法规范开展，带来了一些问题甚至法律纠纷，让学生活动的价值遭受许多质疑。促进学生活动依法有序开展和健康发展，是当下高校所面临的一项重要课题。

如今，信息技术高速发展，网络生活也是大学生活动不可缺少的内容。一方面，网络便利了大学生的学习与生活；另一方面，由于部分大学生道德和法律意识淡薄，在参与网络活动过程中，存在一些不良行为，甚至触碰了法律的底线。因此，在开展大学生管理工作中，规范其网络行为也是一项不可忽视的任务。

### 一、概念

高校学生活动是高校学生在校内或校外广泛开展的活动总称，主要包括思想政治、学术科技、文化体育、志愿公益和创新创业等多方面内容。

具体而言，常见的学生活动有运动会、文艺汇演、科技节、挑战杯竞赛、西部计划志愿者、暑期“三下乡”实践活动及其他平时在校内开展的学生社团活动等。虽然学生活动的主要参与者是在校大学生，但要开展学生活动，还需要校党委统一领导，同时依托学校的各部门或组织，如学工部、校团委、学生会、学生社团等，保证学生活动有计划、有组织地开展。

高校学生网络行为是指高校学生在网上参与的所有活动。大学生参与的网络活动类型多样，内容丰富。不是简单地包括参与网络学习、社交、娱乐等活动，还包括参加网络建设与管理、创新网络知识和技术，甚至包括利用网络传播资讯，参与服务社会等其他各类衍生性活动。[1]

## 二、法律规范

根据《高等教育法》《普通高等学校学生管理规定》，各高校的大学生有权依照校内有关学生活动的校园章程的规范组织学生团体，但在开展活动时，应当在既有规范制度的合理框架以及幅度内进行，服从学校的领导和管理。共青团中央、教育部、全国学联印发的《高校学生社团管理暂行办法》对学生社团的成立与运行作了详细规定，包括高校学生活动管理的宗旨以及性质、学生活动的具体内容以及社团费用管理等内容。另外，《高等学校校园秩序管理若干规定》第15条明确提出师生员工组织社会团体应当按照《社会团体登记管理条例》的规定办理。成立校内非社会团体组织，应当在成立前由其组织者报请学校有关机构批准，未经批准不得成立和开展活动。《学生伤害事故处理办法》对如何处理学生遭受人身损害的事故，

[1] 楼巍．大学生网络行为分析及网络德育文化建设路径探究［J］．思想道德教育，2014（5）：76.

例如，在学校实施的教育教学活动或者学校组织的校外活动中，以及在学校负有管理责任的设施内发生的事故，作了明确的规定。

综观当前我国有关高校学生网络行为的法律规范形式，主要集中表现为《宪法》、法律、行政法规、地方性法规、规章和其他规范性文件。不难发现，当前的规范体系中仍缺乏针对高校学生管理的特别法律规范。按照各规范效力的层级划分，《宪法》作为我国法律体系中的根本法，具有最高的法律效力，一切法律、行政法规和地方性法规都应当依据《宪法》制定。同时，所有的国家机关和武装力量、各政党和各社会团体、各企事业组织都必须遵守《宪法》和法律。因此，高校学生网络管理应当优先遵循《宪法》的规定。

根据《全国人民代表大会常务委员会关于维护互联网安全的决定》，通过互联网这一途径违法实施犯罪行为，应当依照《刑法》有关规定追究刑事责任；通过互联网实施非法行为，严重破坏社会公共秩序尚未达到犯罪程度的，依照《治安管理处罚法》予以处罚；对于在不法团伙中起到组织作用的主要人员以及相关责任人员，应当加重处分或者处罚；通过互联网不当损害了其他用户的财产以及人身权益，应当依法承担民事侵权赔偿责任。《刑法》针对以计算机为侵害对象的网络失范行为，规定了非法侵入计算机信息系统罪、破坏计算机信息系统罪。《民法典》第1194条概括性地规定，网络用户、网络服务提供者利用网络侵害他人民事权益的，应当承担侵权责任。法律另有规定的，依照其规定。除了《民法典》《著作权法》《消费者权益保护法》等有针对网络侵权行为的规定外，全国人大常务委员会于2016年11月7日通过的《网络安全法》，国务院制定的《互联网信息服务管理办法》《信息网络传播权保护条例》等，国家互联网信息办公室于2019年12月15日发布的《网络信息内容生态治理规定》，都对公民网络行为规范进行了规定。

对大学生网络行为的规范，除了上文提到的以公民为主体的规定外，以学生为主体的规定主要见于教育方面的法律法规、规章和一般性法律文件，如《普通高等学校学生管理规定》《高等学校学生行为准则》《教育部办公厅、中国银监会办公厅关于加强校园不良网络借贷风险防范和教育引导工作的通知》等。此外，还有很多零零散散的规定，此处不再一一列举。

## 三、研究意义

规范高校学生活动的开展，使学生活动在法治轨道上开展，有利于提前防范学生活动开展过程的安全隐患和法律风险，保护学生的人身财产安全，同时避免高校与学生间的纠纷，对学生活动的长远健康发展、学校教学秩序正常开展都具有重要意义。

在网络舆情高发的当下，大学生网络违法行为一经曝光，往往会在无形中给学生个人、学校声誉乃至社会大众造成巨大而严重的负面影响。部分学生甚至因为对网络违法行为的危害认识不足，而滑向了犯罪的深渊，断送自己的前程。因此，在互联网时代，各高校亟须针对学生网络行为进行规范化、法治化的监督。只有通过积极引导和教育惩戒相结合，才能营造健康的校园网络文化。根据上位法完善校规校纪，制定一套关于学生网络行为规范的校内规章制度，明确规定并区分各相关部门的职权与职责，以推进各项学生工作的有效运行，更能通过明文规定，让学生有规则可循，提高对自身网络行为后果的认识，从而避免触碰法律的底线。网络生活绝不是法外之地，法治化管理在网络领域同样适用，这不单单只是国家和社会的要求，也是广大高校学生管理制度的职责所在。

## 第二节 高校如何处理学生因参加学校组织的实践活动出现的意外伤害事件

### 一、案例简介

2020年，小清（化名）考入陕西某大学美术学院。2021年暑假，小清报名参加了由学校组织的为期15天的写生实践活动。8月12日，小清等人到达云南某市的一个县城。一行共12人，由两名指导老师带队。8月13日，众人包车去离城区不远的一座小山附近采风。到达目的地后，同学们表示想自己转转，寻找最佳的写生地点。考虑到每个人想法不同，且都已年满18岁，两位指导老师在叮嘱大家不要跑太远、不要去危险地方等安全事项之后，就允许了同学们自由活动。小清和同学结伴找到了一处较为幽静的地方，正当快完成写生时，天气突然变得阴沉，不久便下起了大雨，小清和同学两人匆忙收拾画具准备找老师同学们会合。但由于过于慌张，小清不慎摔倒，头部碰到了一处坚硬的石头，造成头部重伤。小清的同学急忙呼叫，老师闻讯赶来，及时将小清送入了医院。但由于猛烈的撞击及淋雨，小清昏迷了许久才醒来。

## 二、合法性分析

本案例是因大学生参加学校组织的实践活动遭遇意外伤害而引起的法律纠纷，其法律焦点主要在于：（1）学校对组织的实践活动应承担什么义务？（2）大学生参加学校组织的实践活动遭遇意外伤害，学校是否应当承担法律责任？

第一，学校对于由自身组织或归为教学内容的学生社会实践活动负有指导引领学生和保障学生安全的义务。

本案例中，因为此次写生实践活动是由学校统一组织、管理的，所以学校应当尽到在活动开展前进行安全教育的义务，同时应当在活动的具体展开阶段采取必要安全措施。但应明确的是，如果实践活动由学生自发组织且未经学校批准或备案的，且只在校园范围内开展，学校仅需要承担一般意义上的安全保障义务，并对学生进行安全警示或教育。根据《普通高等学校学生管理规定》《学生伤害事故处理办法》《民法典》的规定，学校应当确保校园正常秩序稳定运行，保证学校环境绿色安全，保障学生的正常学习和生活。学校作为高校学生活动的组织者和实施者，假如在学生教学活动过程中，未尽到安全保障义务，最终导致学生的财产人身利益遭到损害，学校应当按照其主观过失程度承担相应的法律责任。

第二，学校是否应当承担法律责任，取决于学校是否尽到管理职责和安全保障义务。

学生外出实践遭遇恶劣天气而致受伤虽然是意外事故，但对于可能发生雷击的不良天气状况，并非不可预见且不可避免。几名学生都是大一新生，且都是第一次参加暑期实践活动，缺乏野外实践相应的经验和能力，学校应当事前指定富有经验且负责任的带队老师对学生的实践活动进行组织和管理，避免因为疏于安全教育和管理，导致学生在可能遭遇恶劣天气的情况下外出。对于学生最终遭遇的损害结果，学校存在一定过错，根据《民法典》《学生伤害事故处理办法》的规定，可以根据校方主观过失程度要求其承担相应的侵权责任。值得注意的是，本案例中如果带队老师已经尽到安全保障的义务，提前做好必要的安全防范工作，如在出行前查阅过行程地的天气、地质等状况，并合理安排行程路线，但仍然遭遇了雷击、地震、洪水等不可抗的自然灾害，则学校不承担学生伤害事故的法律责任。基于人道主义，学校应当对遭受损害的学生或其亲属作适当补偿。

## 三、预防路径

第一，加强校园安全宣传教育，增强学校师生的安全意识和自我防范能力。

学校应当设立“校园安全周”，可以定期定点举行全校范围内的安全知识宣传竞赛，分析思考安全事故典型案例，传授必要的避险和急救常识，避免各种意外伤害事件。

第二，加强活动统一管理，强化学校工作人员的责任意识，落实安全责任。

所有的学生社团活动原则上应当依据学校的统一组织、批准并进行备案，学生自发组织、不属于学校管理范围的活动，应对学生进行安全教育，加强学生的安全意识，必要时签署安全承诺书。在由学校组织安排社会实践活动时，应提前强调安全问题，做好活动计划和应急预案，防范安全隐患，并将安全责任落实到人。

第三，完善大学生社会实践活动保险制度。

针对学校组织的学生社会实践活动，学校应当统一购置人身意外保险，尽量满足应保尽保的要求。针对由学生自发组织的社团实践活动，应当鼓励学生自愿购置保险，培养防范意外风险的意识。

## 四、关联性法规政策

1.《中华人民共和国民法典》(中华人民共和国主席令第 45 号)

**第一千一百九十八条**　宾馆、商场、银行、车站、机场、体育场馆、娱乐场所等经营场所、公共场所的经营者、管理者或者群众性活动的组织者，未尽到安全保障义务，造成他人损害的，应当承担侵权责任。

……

2.《学生伤害事故处理办法》(中华人民共和国教育部令第 30 号)

**第二条**　在学校实施的教育教学活动或者学校组织的校外活动中，以及在学校负有管理责任的校舍、场地、其他教育教学设施、生活设施内发生的，造成在校学生人身损害后果的事故的处理，适用本办法。

**第八条**　发生学生伤害事故，造成学生人身损害的，学校应当按照《中华人民共和国侵权责任法》及相关法律、法规的规定，承担相应的事故责任。

**第九条**　因下列情形之一造成的学生伤害事故，学校应当依法承担相应的责任：

……

（四）学校组织学生参加教育教学活动或者校外活动，未对学生进行相应的安全教育，并未在可预见的范围内采取必要的安全措施的；

……

3.《普通高等学校学生管理规定》(中华人民共和国教育部令第41号)

**第三十九条** 学校、学生应当共同维护校园正常秩序，保障学校环境安全、稳定，保障学生的正常学习和生活。

## 五、给辅导员的建议

首先，该事件属于重大突发事故。辅导员得到消息后，应即刻报警并赶往现场，在最短的时间内了解具体情况。在辅导员到达现场后，应当迅速采取应急措施紧急疏散、撤离并妥善安置其余未受伤学生到最近的安全地，避免再遭遇意外事故。

其次，待救援人员到达后，配合有关部门组织营救和救治受害人。在保护现场，抢救受伤学生的同时，辅导员应及时了解学生伤情，并向学校相关领导汇报详细情况，并联系相关学生家长，安抚家长的情绪。

再次，辅导员应赶往医院看望受伤学生，并接待相关学生家长，针对家长的情况进行合理适当的心理安慰并给予其力所能及的帮助。同时，将整个事情的经过、应急处理措施、伤亡情况、救治情况以及需要帮助解决的问题向学校相关领导汇报。听取校领导的指示之后，再做好善后工作。

最后，辅导员要对重大突发性事件进行总结和工作反思，还需要召开相关的主题班会，加强学生的安全意识。

# 第三节　高校如何处理学生社团“乱收费”问题

## 一、案例简介

小张（化名）是湖南一所高校的新生，对大学生活感到新奇有趣。入学后不久，学校的各种社团开始招新。小张从高中起就喜欢打羽毛球，所以准备加入羽毛球社，期望能够找到更多同样喜欢打羽毛球的同学。羽毛球社负责人告诉小张，要想加入羽毛球社，需要缴纳 100 元的会费，其中包括球拍及平时组织活动的经费。一开始小张质疑，表示收费太高。但负责人表示社团要统一购买器械、组织活动等，都需要活动经费，声称社团的收费是合理的。小张便报名加入了羽毛球社。但加入羽毛球社之后，社团并没有如小张预想那样，每月固定组织活动，开展羽毛球训练等。负责人总是以各种借口推脱无法开展活动。小张还发现，社团统一购买的羽毛球器械质量也不过关。小张和另外一名社团成员找到羽毛球社负责人表示要退出社团，希望社团退回部分会费。但社团负责人表示退出协会需要交自愿退会申请，但会费已经用于一些器械购买与活动，不能退还。后续几次沟通无果，小张来到了管理学校社团的校团委，反映社团乱收费、不合理组织活动等情况。校团委接到反映后，立即展开了调查。调查发现，不止羽毛球社，还有一些其他社团也存在收费不合理、资金使用不透明等情况。一些社团举办的活动也只是表面形式，多数学生表示对学校的社团质量感到失望，因而对学校其他活动的参与积极性也不高。

## 二、合法性分析

本案例反映了因高校学生社团“乱收费”而引发的问题，其法律焦点主要在于：（1）高校学生社团法律主体地位是什么？（2）高校学生社团的收费依据及标准是什么？（3）学校应当如何规范管理学生社团的活动开展和经费收支？

第一，高校学生社团具体指的是由高校学生依法成立，在法律以及学校章程范围与幅度内活动的学生组织。

根据《高校学生社团管理暂行办法》的规定，高校学生社团是指由高校学生依据兴趣爱好自愿组成，为实现成员共同意愿，按照其章程自主开展活动的群众性学生组织。从法律主体资格认定的层面来看，国家机关、事业单位内部经本单位批准成立、在本单位内部活动的团体并不具有法人资格，也不同于社会团体，并不具备独立的民法法律行为能力资格以独立开展民事活动。

第二，高校学生社团有权收取会费，但应依法明确收费标准，并公开经费使用情况。

《高校学生社团管理暂行办法》指出，学生社团主要活动经费应来自于高校拨款、社会赞助和会员会费等合法渠道，社团经费必须用于社团集体活动，任何单位和个人严禁侵占、私分或挪用。学生社团如收取会费，须根据实际情况明确收费标准，经社团内部民主决策，报高校团委审核后进行公示，并应写入社团章程。学生社团应制定严格的经费管理制度，每学期向全体成员公布经费使用情况。高校团委应做好社团经费来源、经费使用情况的监督指导工作，加强对学生社团接受校外资金的合法合规性审查和管理。

本案例中，该高校部分社团活动经费收支不合理、不透明，未明确收费标准和定期向全体成员公布经费使用情况，明显违反了《高校学生社团管理暂行办法》的相关规定。由于《高校学生社团管理暂行办法》既规定了社团成员按章程缴纳会费的义务，也规定了社团成员享有知悉社团具体报表、建议和质询社团日常运营、根据规定自由加入或退出该社团的权利。在这样的规范基础之下，任何成员可以就该问题向社团负责人提出质询、建议，或向校团委反映，也可以拒绝缴纳不符合标准的会费，或直接退出社团。

第三，高校团委应当主动领导指导学生社团的日常管理、经费审核等具体工作，尽职尽责履行指导学生社团活动的管理职能。

根据《高校学生社团管理暂行办法》的具体指示，高校的学生社团日常活动管理工作应当由学校党委统一领导并纳入高校学生教育的整体工作，强调高校要贯彻党的教育方针、推进素质教育，就要促进和保障学生社团工作的合理开展。具体而言，高校团委应设立专业学生服务组织，配备相应的组织成员，承担起学生社团的成立、具体职能、组织经费、注销审核以及日常管理等工作，确保高校学生社团工作的运行效率不断提升。同时，各相关部门也可以参照学生工作的具体情形，有效围绕学生社团团工委这一组织中心，建立起一套完备健全的社团组织形式。高校学生社团应当坚持党的教育战略方针，努力实现高校学生教育立德树人的根本任务，团结和凝聚学生团体的基本共识，合理利用当前新兴互联网技术和自媒体平台，遵循学生自愿、自主、自发的基本活动原则，进一步推动主题鲜明、健康有益、弘扬社会主义核心价值观的线上线下课余活动。

本案例中，依据法律等规定，学校团委是学生社团的管理部门，可以在查清事实的基础上，要求该社团对经费收支不合理不透明、活动质量不高等问题进行限期整改，否则有权予以注销。

## 三、预防路径

第一，加强对学生社团依法管理，推动学生社团规范化建设。

学校应当结合法律法规规章的要求，完善学校社团管理办法，使各项工作有章可循、规范有序。做好监督工作，定期开展学生社团的清理和整顿，组织召开学生社团负责人联席会议，针对学生社团的经济状况、联谊活动等重点内容加强管理，实现规范管理。

第二，加强对学生社团活动的指导与引领，促进和保障学生社团活动的创新与发展。

学校应当提供学生社团日常运行中所必要的场地、经费、师资以及设备等帮助，为学生社团搭建对外交流平台。加强对指导老师的选聘，在选任社团负责人等方面提出一定标准，鼓励活动内容、形式创新，学校应当在学生综合素质评价过程中着重考量学生的社团表现情况。

第三，引导学生社团自我发展，发挥章程自治功能。

严格审核学生社团章程，强化社团成员的规则意识，鼓励社团自我发展、自我教育，充分发挥社团章程在民主管理、自我管理中的作用。

## 四、关联性法规政策

1.《社会团体登记管理条例》( 中华人民共和国国务院令第 666 号 )

**第二条**　本条例所称社会团体，是指中国公民自愿组成，为实现会员共同意愿，按照其章程开展活动的非营利性社会组织。

……

**第三条**　成立社会团体，应当经其业务主管单位审查同意，并依照本条例的规定进行登记。

社会团体应当具备法人条件。

下列团体不属于本条例规定登记的范围：

……

（三）机关、团体、企业事业单位内部经本单位批准成立、在本单位内部活动的团体。

## 五、给辅导员的建议

首先，辅导员应通过实地走访、询问相关知情同学等途径，了解社团是否存在乱收费的情况。在查清事实的基础上，如确实存在乱收费的行为，则向相关领导反映该情况。

其次，根据学校相关制度，落实具体措施，如要求该社团对经费收支不合理不透明、活动质量不高等问题进行限期整改。

再次，辅导员应对有乱收费现象社团的主要干部进行批评教育，告知其事情的严重性，杜绝该现象再次发生。

最后，学生在选择社团时，辅导员应给予合理建议，建议学生不盲目参加社团活动，选择合理规范、积极向上、适合自己的社团。加入社团后，学生应当严格履行自己的职责，同时要积极行使自己的正当权利。

# 第四节　高校如何处理学生网络违法行为

## 一、案例简介

2019年5月17日，西安某大学的大二女生范某收到朋友发的信息，朋友说自己在微博上看到有人发了范某的照片，还配有低俗不堪的文案，该条微博点赞不在少数，还有多名网友评论。该条微博定位显示其位置就在自己所在的学校。范某通过一番查找之后，锁定了同一学院的大二男生高某。5月20日，范某找到高某，认为高某未经自己同意发布自己的照片，还被一些网友恶意揣测与言语侮辱，高某的这一行为严重侵害了自己的合法权益，在无形中已经严重影响到自己的日常学习以及校园生活。因此，范某要求高某立即删除微博并公开道歉，高某拒绝删除微博并表示自己有发表言论的自由。范某便找到学院辅导员反映此事，希望学院对此能严肃处理。学校在获悉具体情况后针对此事展开详细调查。经过细致调查走访后发现高某还曾多次用小号在微博上发表过激评论。在学校领导找到高某了解情况之后，高某表示自己此举确实不妥，答应删除该条微博并向范某道歉。同时，学校作出高某留校察看的处分决定。同年，高某在某网站上传了侮辱其他女生的视频，瞬间引起了网友热议。学校知晓后，随即展开调查，责令其删除不当言论和相关视频，随后高某删除了涉事内容。

但因为高某在之前受处分之后，虽经学校教育，仍不思悔改，学校决定对高某作退学处理。

## 二、合法性分析

这是一起因学生网络违法行为引起网络舆情的典型案例，其法律焦点主要在于：（1）法律如何定性高某在网络上发表不当言论的行为？（2）学校是否有权要求高某删除其个人微博的不当言论和视频、发布道歉信？（3）学校分别对高某作出留校察看的纪律处分、退学处理是否合法？

第一，高某缺乏使用网络的规则意识，肆意发表不当言论，利用信息网络的便捷性以及传播性对范某等其他同学发布侮辱性质的视频，严重侵害了受害人的个人声誉以及精神状态。

根据《国家安全法》《网络信息内容生态治理规定》以及《网络安全法》的规定，高某的行为明显构成名誉侵权行为，如果高某的不当言论造成其他严重后果，法律甚至要追究其行政乃至刑事责任。

第二，学校有权责令高某删除其个人微博的不当言论和视频、发布道歉信。

案例中，该学校在网络舆情发酵之际立即开展调查，并责令高某删除个人微博不当言论、发布道歉信等，给予高某处分，同时通过官方账号公布了相关案件的具体调查结果以及最终处理，避免了事件的危害后果扩大化。问题在于，高某通过个人微博发表的不当言论和视频，学校是否有权直接责令高某删除其个人的微博言论和视频，并发布道歉信？根据《普通高等学校学生管理规定》第51条，“对有违反法律法规、本规定以及学校纪律行为的学生，学校应当给予批评教育，并可视情节轻重，给予纪律处分”。本案例中，学校作为学生的管理方，有权对高某违反法律规定以及学校纪律的行为给予批评教育，并责令本人改正错误。最终高某主动删帖、发布道歉信，学校并未侵犯学生个人的表达自由。另外，根据《民法典》第1197条，网络服务提供者知道或者应当知道网络用户利用其网络服务侵害他人民事权益，未采取必要措施的，与该网络用户承担连带责任。因此，学校有权通知涉案网络平台服务者删除李某在个人微博上的违法有害言论。

第三，学校有权依法对高某作出退学处理和留校察看或开除学籍的纪律处分。

根据《普通高等学校学生管理规定》第47条，学生应当遵守国家和学校关于网络使用的有关规定，不得登录非法网站和传播非法文字、音频、视频资料等，不得编造或者传播虚假、有害信息；不得攻击、侵入他人计算机和移动通讯网络系统。本案例中，高某被学校给予“留校察看”处分一年内，经学校不懈帮扶教育，仍不思悔改，在网络上发布不当言论，引发关注讨论，并给当事人和学校的声誉带来恶劣影响，属于情节严重。当然，在对学生进行相应的惩戒程序时应当满足程序公正的原则，符合《普通高等学校学生管理规定》中可以予以退学的具体情形。根据《普通高等学校学生管理规定》，只有经校长办公会或者其授权的专门会议研究决定，并应当事先进行合法性审查，才可以作出开除学籍、退学以及取消入学资格等规定。

## 三、预防路径

第一，加强网络文明教育和宣传，弘扬优良网络道德。

教导学生在参与网络活动时，养成文明上网的习惯，避免不良网络信息的错误影响，传播好声音、传递正能量。坚决抵制黄色、暴力、赌博等性质的不良网络信息，坚决反对网络暴力，尊重、维护每个人在网络上的基本权利，坚守社会公共秩序以及善良风俗，增强个人社会责任感，共建良好网络生态环境。

第二，通过法律知识讲座、培训会等形式，提高学生参与网络的规则意识和责任意识。

让学生了解《刑法》《治安管理处罚法》等法律法规相关规定及校园规章制度，认识到不文明网络行为不仅是道德问题，还可能要承担学校纪律处分甚至行政责任、刑事责任，教导学生做到对自己的网络行为、言论负责。

第三，构建从舆情监测预警到后果预判再到作出应对方案的完善体系，进一步增强学校公关协调能力。

高校应当提升工作人员的舆情、舆论意识，应当认识到高校舆情的特殊性，要学习掌握新媒体网络舆情传播的规律及特点，从而建立起一套有效的舆情应对机制。首先，关注师生微信群、QQ 群等，重视校园微博、抖音、哔哩哔哩等短视频、微信公众号等新媒体平台建设，加强对网络舆情信息的监测和采集，形成校方与学生间的良好舆论互动机制，及时化解矛盾，消除误解，抢占舆情处置的先机。其次，学校可以由宣传部、学生工作部门、保卫处等多部门联动，提前制定网络舆情处置应急预案，在事件发生后引导舆论，迅速调查事实，对违反互联网管理相关规定和校规校纪者，依规定严肃处理，予以处分。此外，要主动、及时对网络舆情作出回应，公开真相和后续处理措施，以消除社会质疑，控制负面影响扩大。

## 四、关联性法规政策

1.《中华人民共和国刑法》(中华人民共和国主席令第66号)

**第二百四十六条**　以暴力或者其他方法公然侮辱他人或者捏造事实诽谤他人，情节严重的，处三年以下有期徒刑、拘役、管制或者剥夺政治权利。

……

2.《中华人民共和国治安管理处罚法》(中华人民共和国主席令第67号)

**第四十二条**　有下列行为之一的，处五日以下拘留或者五百元以下罚款；情节较重的，处五日以上十日以下拘留，可以并处五百元以下罚款：

……

（二）公然侮辱他人或者捏造事实诽谤他人的；

……

（五）多次发送淫秽、侮辱、恐吓或者其他信息，干扰他人正常生活的；

……

3.《中华人民共和国网络安全法》(中华人民共和国主席令第53号)

**第十二条**　……任何个人和组织使用网络应当遵守宪法法律，遵守公共秩序，尊重社会公德，不得危害网络安全，不得利用网络从事危害国家安全、荣誉和利益，煽动颠覆国家政权、推翻社会主义制度，煽动分裂国家、破坏国家统一，宣扬恐怖主义、极端主义，宣扬民族仇恨、民族歧视，传播暴力、淫秽色情信息，编造、传播虚假信息扰乱经济秩序和社会秩序，以及侵害他人名誉、隐私、知识产权和其他合法权益等活动。

4.《普通高等学校学生管理规定》(中华人民共和国教育部令第41号)

**第三十条** 学生有下列情形之一，学校可予退学处理：

（一）学业成绩未达到学校要求或者在学校规定的学习年限内未完成学业的；

（二）休学、保留学籍期满，在学校规定期限内未提出复学申请或者申请复学经复查不合格的；

（三）根据学校指定医院诊断，患有疾病或者意外伤残不能继续在校学习的；

（四）未经批准连续两周未参加学校规定的教学活动的；

（五）超过学校规定期限未注册而又未履行暂缓注册手续的；

（六）学校规定的不能完成学业、应予退学的其他情形。

学生本人申请退学的，经学校审核同意后，办理退学手续。

**第四十七条** 学生应当遵守国家和学校关于网络使用的有关规定，不得登录非法网站和传播非法文字、音频、视频资料等，不得编造或者传播虚假、有害信息；不得攻击、侵入他人计算机和移动通讯网络系统。

**第五十一条** 对有违反法律法规、本规定以及学校纪律行为的学生，学校应当给予批评教育，并可视情节轻重，给予如下纪律处分：

（一）警告；

（二）严重警告；

（三）记过；

（四）留校察看；

（五）开除学籍。

**第五十二条**　学生有下列情形之一，学校可以给予开除学籍处分：

……

（八）屡次违反学校规定受到纪律处分，经教育不改的。

## 五、给辅导员的建议

首先，辅导员要在事情发生后的第一时间弄清事情的原委，找到该学生，了解具体情况。如情况属实，立刻与该生谈话，询问其发表这些言论的原因，并引导其换位思考，反思自己发布不当观点和言论给他人带来的伤害，将谈话焦点集中在其思想错误的核心问题上，并劝导其删除不实言论并发表相关致歉。

其次，意识到这是一起潜在的网络舆情事件后，辅导员第一时间将情况上报给学校相关领导，协助做好后续工作。

再次，召开班会，向学生讲清事情的原委，并告诫学生不要在网上发布不实言论，避免舆论的进一步扩大。

最后，开展网络文明教育，教导班级学生自觉远离不良网络信息，也要严肃纪律，跟学生讲清楚在网络上编造、散布虚假信息并造成不良后果以及相应的法律后果。指导引领学生培养和树立网络并非法外之地的意识，坚守社会公共秩序底线、道德底线，培养学生的责任心，维护保障理性的网络舆论生态。